Alim-un- Nisa
Kainat Abbas
Asma Saeed

Shilajit-Wunder

Alim-un- Nisa
Kainat Abbas
Asma Saeed

Shilajit-Wunder

Eine Reise zu den Vorzügen dieses uralten Harzes

ScienciaScripts

Imprint

Any brand names and product names mentioned in this book are subject to trademark, brand or patent protection and are trademarks or registered trademarks of their respective holders. The use of brand names, product names, common names, trade names, product descriptions etc. even without a particular marking in this work is in no way to be construed to mean that such names may be regarded as unrestricted in respect of trademark and brand protection legislation and could thus be used by anyone.

Cover image: www.ingimage.com

This book is a translation from the original published under ISBN 978-620-5-63763-0.

Publisher:
Sciencia Scripts
is a trademark of
Dodo Books Indian Ocean Ltd. and OmniScriptum S.R.L publishing group

120 High Road, East Finchley, London, N2 9ED, United Kingdom
Str. Armeneasca 28/1, office 1, Chisinau MD-2012, Republic of Moldova, Europe
Printed at: see last page
ISBN: 978-620-7-39507-1

Shilajit wirkt Wunder:

Eine Reise zu den Vorzügen

dieses uralten Harzes

INHALTSVERZEICHNIS

Einführung von Shilajit

♦ Was ist Shilajit?

Das Wort "Shilajit" stammt aus dem Sanskrit und ist von zwei Wörtern abgeleitet: **"Shila"**, was Fels bedeutet, und **"jit"**, was "erobert" oder "gewonnen" bedeutet. Shilajit kann also als "Bezwinger von Bergen" **oder "Zerstörer von Schwäche"** übersetzt werden. Andere Namen für diese Substanz sind Shilajeet, Silaras oder Shilajatu. Shilajit ist ein blassbraunes bis schwarzbraunes Exsudat von unterschiedlicher Konsistenz, das aus den Gesteinsschichten der Gebirgszüge dieser Welt austritt, insbesondere aus den Gebirgszügen des Himalaya und des Hindukusch des indischen Subkontinents.

Shilajit oder **Salajeet** ist ein natürliches organisch-mineralisches Produkt überwiegend natürlichen biologischen Ursprungs, das in den Bergen (in Bergspalten und Höhlen) gebildet wird. Shilajit ist eine klebrige, teerähnliche Substanz, die in den Felsen des Himalaya, des Altai, des Kaukasus und anderer Gebirgszüge zu finden ist. Shilajit wird nicht aus einer Pflanze gewonnen, sondern ist eine komplexe organisch-mineralische Substanz, die aus den Felsen in Bergregionen heraussickert. Die Bildung von Shilajit ist das Ergebnis der Zersetzung von pflanzlichen und mikrobiellen Stoffen über Jahrhunderte hinweg. Shilagit wird seit Jahrhunderten in der traditionellen ayurvedischen Medizin verwendet und soll verschiedene gesundheitliche Vorteile haben. Es wird häufig als Nahrungsergänzungsmittel konsumiert und ist reich an Mineralien und anderen organischen Verbindungen.

Abbildung 1: Dieses Bild zeigt das Stück Shilajit

♦ Herkunft von Shilajit:

Über die Herkunft von Shilajit gibt es unterschiedliche Ansichten. Es soll durch die Zersetzung von Ölgestein durch Mikroben entstanden sein. Frühe (vorwissenschaftliche) Theorien besagen, dass Shilajit aufgrund seiner anorganischen Zusammensetzung (Gold, Silber, Kupfer und Eisen) in den Bergen entstanden ist.

In der zweiten Hälfte des 19. Jahrhunderts glaubte man, dass Shilajit aus dem Kot von Nagetieren auf Steinen und tierischen Abfällen, wie z. B. Fledermäusen, gewonnen wurde.

Moderne Theorien besagen, dass es sich bei Shilajit um eine Pflanze handelt und dass es höchstwahrscheinlich aus versteinerten Nebenprodukten von Pflanzenresten besteht, die durch den Druck von Felsen umgewandelt wurden.

Abbildung 2: Diese Abbildung zeigt das Shilajit in den Bergen

♦ Einheimische Namen und botanische Klassifizierung von Shilajit:

Einheimische Namen und botanische Klassifizierung	
Englischer Name	Schwarzer Asphalt, Mineralwachs und Mineralpech
Nepali Name	Kalo Shilajita
Sanskrit-Namen	Shailobhava, Shaileya, Girijaatu, Shaila, Shailadhatuja, Adrija, Shilasweda, Shilamaya, Shila Niryasa, Gaireya, und Ashma Laksha
Bengali Name	Silajatu
Lokale Namen	Baragshun, Barahshin, Dorobi und Shargai
Persischer Name	Mumiya
Malayalam Name	Kanmada

4

Botanischer Name	Bitumen Mineral

♦ Geschichte von Shilajit:

Die Geschichte von Shilajit reicht Tausende von Jahren zurück, und seine Verwendung ist tief in der traditionellen Medizin und kulturellen Praktiken verwurzelt. Hier finden Sie einen Überblick über die historische Entwicklung von Shilajit:

• Alte ayurvedische Texte:

Shilajit ist seit über 2.000 Jahren Bestandteil der ayurvedischen Medizin. Es wird in alten Texten wie der Charaka Samhita und der Sushruta Samhita erwähnt. In diesen Texten wird Shilajit als eine Substanz beschrieben, die die körperliche und geistige Ausdauer steigern, die Langlebigkeit fördern und den Körper verjüngen kann.

• Kulturelle Überzeugungen und traditionelle Verwendung:

Shilajit hat in verschiedenen Regionen kulturelle Bedeutung, darunter Indien, Tibet, Zentralasien und der Nahe Osten. Es gilt traditionell als wirksame Substanz zur Förderung der allgemeinen Gesundheit, Vitalität und Stärke. Verschiedene Kulturen haben Shilajit in ihre traditionellen Heilpraktiken aufgenommen.

• Ayurvedisches Rasayana:

Im Ayurveda wird Shilajit zu den Rasayana gezählt, einer Kategorie von Substanzen, die als verjüngend und lebensverlängernd gelten. Es wird angenommen, dass es adaptogene Eigenschaften hat und dem Körper hilft, sich an Stress anzupassen und das Gleichgewicht zu halten.

• Historische Anekdoten:

In historischen Texten und Anekdoten wird die Verwendung von Shilajit durch verschiedene Herrscher und Eliten in unterschiedlichen Kulturen erwähnt. Manchmal wurde es als eine seltene und wertvolle Substanz angesehen, die denjenigen vorbehalten war, die eine Machtposition innehatten oder nach mehr Vitalität strebten.

• Sammeln und Ernten:

Traditionell wird Shilajit aus Felsen in Bergregionen gesammelt. Dabei wird die harzige Substanz gesammelt, die in den wärmeren Monaten aus den Felsen quillt. Anschließend wird es gereinigt und für verschiedene medizinische Zwecke verarbeitet.

• Modernes wissenschaftliches Interesse:

Shilajit wird zwar schon seit langem traditionell verwendet, doch die moderne wissenschaftliche Forschung über seine Eigenschaften begann im 20. Jahrhundert. Forscher haben seine chemische Zusammensetzung, seine potenziellen gesundheitlichen Vorteile und seine Sicherheit untersucht. Einige Studien deuten auf antioxidative und entzündungshemmende Eigenschaften hin, aber für schlüssige Beweise sind weitere Untersuchungen erforderlich.

Die Geschichte von Shilajit ist mit den kulturellen und medizinischen Praktiken der Regionen, in denen es vorkommt, verflochten. Seine anhaltende Verwendung über Jahrtausende hinweg spiegelt den wahrgenommenen Wert dieser natürlichen Substanz für die Förderung von Gesundheit und Wohlbefinden wider.

♦ Arten von Shilajit:

Es gibt verschiedene Arten von Shilajit, und die Unterschiede lassen sich auf Faktoren wie die geografische Lage, das spezifische Gestein, aus dem es gewonnen wird, und die Bedingungen, unter denen es geerntet wird, zurückführen. Hier sind ein paar Arten von Shilajit:

- **Mineralien mit Goldgehalt (Charka Samhita Shilajit):**

Das Shilajit, das aus diesen Felsen sickert, hat eine rötlich-violette Farbe und besitzt Madhura, Tikta Rasa und Katu Vipaka. Shilajit ist ähnlich wie eine Hibiskusblüte.

- **Steine mit Silbergehalt (Rajat Shilajit):**

Weiß in der Farbe, mit einem Katu Rasa und Madhura Vipaka, sind die Shilajit, die aus diesen Felsen hervorgehen.

- **kupferhaltiges Gestein (Tamra Shilajit genannt):**

Diese Art von Felsen verströmen eine bläulich-violette Flüssigkeit, die einem Pfauenkehlchen ähnelt und Tikta Rasa und Katu Vipaka aufweist.

- **Mineralien mit Eisengehalt (Lauha Shilajit):**

Es gilt als die beste Sorte, deren Exsudat Tikta und Lavana Rasa darstellt und dem Guggulu-Gummi (Commiphora mukul) ähnelt.

- **Shilajit aus dem Himalaya:**

Diese Art stammt aus dem Himalaya-Gebirge und ist vielleicht die bekannteste. Man findet sie in Ländern wie Indien, Nepal, Bhutan und Tibet.

- **Altai Shilajit:**

Der Altai ist ein weiteres Gebirge, in dem Shilajit vorkommt, und Shilajit aus dieser Region kann eine ganz eigene Zusammensetzung haben.

- **Kaukasisches Shilajit:**

Shilajit aus dem Kaukasusgebirge ist weniger bekannt, aber ebenfalls erhältlich.

- **Afghanisches Shilajit:**

Afghanistan ist eine weitere Region, in der Shilajit geerntet wird.

- **Dabur Shilajit:**

Dabur ist eine bekannte Marke, die Shilajit-Produkte verkauft. Auch wenn die Quelle nicht immer angegeben wird, handelt es sich bei dem Produkt häufig um eine verarbeitete Form von Shilajit.

Es ist wichtig zu wissen, dass die Qualität und Zusammensetzung von Shilajit je nach Quelle und Verarbeitungsmethode variieren kann. Authentizität und Reinheit sind beim Kauf von Shilajit-Nahrungsergänzungsmitteln von entscheidender Bedeutung, da der Markt manchmal mit minderwertigen oder verfälschten Produkten überschwemmt werden kann. Wenn Sie die Einnahme von Shilajit in Erwägung ziehen, sollten Sie es aus seriösen Quellen beziehen und, wenn möglich, einen Arzt oder Ayurveda-Praktiker um Rat fragen.

♦ Geografische Verbreitung von Shilajit:

Shilajit ist vor allem in den Gebirgsregionen der Welt zu finden, wobei sich seine geografische Verbreitung über mehrere Gebirgszüge erstreckt. Die Substanz ist vor allem im Himalaya zu finden, wo sie aus hoch gelegenen Felsen gewonnen wird. Das Altai-Gebirge in Zentral- und Ostasien ist eine weitere wichtige Region, in der Shilajit vorkommt. Außerdem wird es im Kaukasusgebirge und in anderen Gebirgsregionen mit felsigen Strukturen gefunden. Die einzigartigen geologischen Bedingungen dieser Regionen tragen zur Bildung von Shilajit bei, einer harzigen Substanz, die durch die Zersetzung von pflanzlichem und mikrobiellem Material über längere Zeiträume aus dem Gestein sickert. Die historische Verwendung von Shilajit in der traditionellen Medizin ist eng mit seinen geologischen Ursprüngen verbunden, da die Kulturen in diesen Bergregionen es wegen seiner angeblichen gesundheitsfördernden Eigenschaften verehrten. Die Verbreitung von Shilajit in verschiedenen Gebirgsregionen unterstreicht seine Verbindung zu bestimmten geologischen Umgebungen, in denen es seit Jahrhunderten in verschiedenen kulturellen und medizinischen Praktiken geschätzt wird.

Abbildung 3: Dieses Bild zeigt das Shilajit in den Bergen

♦ Eigenschaften von Shilajit: Nachfolgend sind die Eigenschaften von

Shilajit aufgeführt:
o Es könnte eine entzündungshemmende Wirkung haben.
o Es könnte antioxidative Eigenschaften besitzen.
o Er könnte Eigenschaften enthalten, die das Gedächtnis verbessern.
o Es könnte Anti-Alzheimer-Eigenschaften besitzen.
o Er kann den Blutzuckerspiegel senken und hat antiasthmatische Eigenschaften.
o Es könnte antitumorale Eigenschaften besitzen.
o Es könnte verdauungsfördernde Eigenschaften haben, die Gesundheit von Leber, Nieren und Herz verbessern und bei Krampfanfällen helfen.

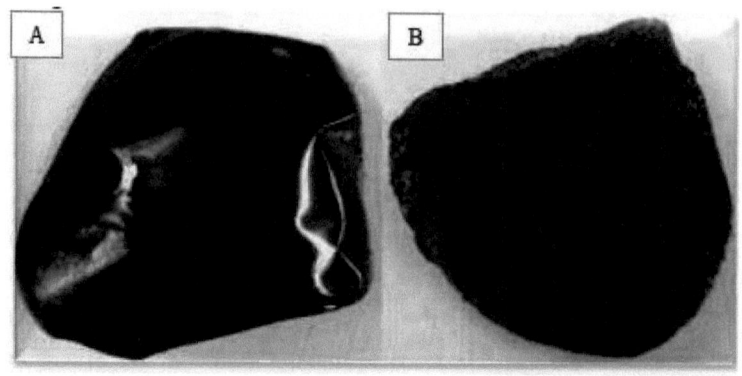

Abbildung Nr. 4:(A) Dieses Bild zeigt das indische Shilajit(B) Dieses Bild zeigt das pakistanische Shilajit

◆ Ausbreitung von Shilajit:

Shilajit ist eine natürlich vorkommende Substanz, die sich in den Felsen von Gebirgsregionen bildet und sich nicht wie Pflanzen oder lebende Organismen vermehrt. Es ist das Ergebnis der Zersetzung von pflanzlichen und mikrobiellen Stoffen über längere Zeiträume und sickert in den wärmeren Monaten aus den Felsen.

Bei der Gewinnung von Shilajit wird die harzige Substanz von Felsen in Bergregionen geerntet. Es gibt keine Kultivierung oder Vermehrung von Shilajit im traditionellen Sinne, da es sich nicht um einen lebenden Organismus mit einem Lebenszyklus handelt, der verwaltet oder kultiviert werden kann.

Die traditionelle Methode zum Sammeln von Shilajit besteht darin, das Harz so zu sammeln, wie es auf natürliche Weise aus den Felsen austritt. Dieses Verfahren wird in der Regel in Regionen durchgeführt, in denen Shilajit vorkommt, wie dem Himalaya, dem Altai, dem Kaukasus und anderen Gebirgszügen.

Es ist wichtig, darauf hinzuweisen, dass die Gewinnung und Verwendung von Shilajit verantwortungsvoll und nachhaltig erfolgen sollte, um die natürliche Umwelt zu schützen und die weitere Verfügbarkeit dieser Substanz zu gewährleisten. Wenn Sie an der Verwendung von Shilajit interessiert sind, wird empfohlen, es von seriösen Lieferanten zu beziehen, die sich an ethische und nachhaltige Erntepraktiken halten.

◆ Shilajit-Produkte:

Zum Zeitpunkt meines letzten Wissens-Updates im Januar 2022 waren mehrere Shilajit-Produkte auf dem Markt erhältlich, die jeweils von verschiedenen Marken vertrieben wurden. Beachten Sie, dass sich die Produktverfügbarkeit und die Rezepturen ändern können, und dass seit meiner letzten Aktualisierung möglicherweise neue Produkte auf den Markt gekommen sind. Hier sind einige Beispiele für Shilajit-Produkte:

Sr.	Marke	Gegen stand Form	Über diesen Artikel	Bild
1	Hima Shilajatu	Gel	Shilajit Purest Himalayan Shilajit Resin - Gold Grade 100% reines Shilajit mit Fulvosäure & 85+ Spurenelemente Komplex für Energie & Immunsystem Unterstützung, 30 Gramm	
2	Blisque	Harz	Blisque - Reines organisches Shilajit-Harz aus dem Himalaya | Authentisch und natürlich | Goldener Grad A | Enthält Fulvosäure und Spurenelemente | 60 Gramm	

3	Sennasi	Gel	Shilajit Pure Himalayan Organic Shilajit Resin - 600mg Maximum Potency Natural Organic Shilajit Resin with 85+ Trace Minerals & Fulvic Acid for Energy, Immune Support, 30 gramm	
4	aSquared Ernährung	Kapsel	aSquared Nutrition Shilajit 1000mg - 120 Kapseln - Reines Shilajit Extrakt Supplement und Pulverkomplex Pillen - Natürliche Humin- & Fulvosäure & Spurenelemente - Alternative zu Harz & Tropfen	

| 5 | Double Wood Ergänzungen | Kapsel | Shilajit Pure Himalaya-Kapseln (20% Fulvic Acid Supplement) 1.000mg von authentischen Shilajit-Extrakt pro Portion, 120 Count (High in Trace Minerals, keine Füllstoffe, hergestellt in den USA) von Double Wood | |
| 6 | Guindila | Gel | 800mg Shilajit Supplement - Shilajit Reines Himalaya Bio Shilajit Harz mit maximaler Potenz, Original aus dem Himalaya mit 85+ Spurenelementen & Fulvosäure für Fokus & Energie, Immunität, 30 Gramm | |

| 7 | CYMBIOTIKA | Gel | CYMBIOTIKA Reines Shilajit-Harz mit elementarem Gold, Fulvosäure, 84+ Spurenmineralien, Verdauungs- und Immunergänzung zur Unterstützung von Fokus und Energie, allgemeine Gesundheit, hohe Potenz, vegan, nicht GMO, 15g Glas | |
| 8 | Shilajit | Kapsel | Dabur Shilajit Ayurvedic Kapseln - 30 Kapseln \| Reines Shilajit mit Anti-Müdigkeit, Anti-Entzündung Vorteile \| Für Vigour & Stärke \| Immunität Booster \| Ayurvedic Gesundheit Tonic | |

9	Elikadur	Kapsel	2000 MG Shilajit Ergänzung, Shilajit Harz Bio, Shilajit Kapseln, 100% reines Shilajit mit 85+ Spurenelementen & 60% Fulvosäure, Energie & Immunität, Vegetarisch, Natürlich, 60 Kapseln	
10	Kapiva	Harz	Kapiva Shilajit Gold Resin - 20g | Hilft bei der Steigerung der Ausdauer | Enthält 24 Karat Gold | 100% Ayurvedisch	
11	Nirvasa	Kapsel	Nirvasa Shilajit Kapseln (800 mg) mit Safed Musli, Ashwagandha & Kaunch Beej | Reinstes Shilajit - 60 Kapseln Packung mit 1	

12	Formen	Tablette	ForMen Shilajit Ashwagandha Tabletten für Männer | Stärkt Immunität, Stärke und Ausdauer | Ayurvedic Stamina Booster Supplements für Männer - 30 Tabletten	
13	Kühne Pflege	Harz	Bold Care Himalaya Shilajit Harz - 20 gm (20 gm (Packung mit 1))	
14	HIMAL AYAN ORGANI CS	Flüssig	Himalayan Organics 100% reines Shilajit/Shilajeet Harz zur Steigerung der Leistung, Kraft, Ausdauer, Ausdauer, Stärke mit Fulvosäure & 85+ Spurenelemente Komplex für Energie, maximale Potenz I - 20g	

15	SUCHE WELLN ESS	Kapsel	Suche Wellness Shilajit Gold-60 Kapseln (Packung mit 1) | Angereichert mit Ashwagandha, Gokshura, Swarna Bhasma	
16	UPAKA RMA	Halbflü ssig	UPAKARMA Ayurveda | Premium Shilajit Goldstaub Harz 20g | 100% ayurvedisch | Reines und natürliches Shilajeet | Hilft, Immunität, Energie, Stärke, Ausdauer und allgemeine Gesundheit zu steigern | Packung mit 1	
17	UPAKA RMA	Shilajit-Harz mit Ashwag andha	UPAKARMA Reines Shilajit-Harz mit Ashwagandha 20g | Kraft steigern & Muskelmasse natürlich aufbauen | 100% ayurvedisch | 1er Pack	

| 18 | UPAKA RMA | Reines SJ, Blaubee re & Orange | UPAKARMA Ayurveda Shilajit Brausetabletten Kombi-Packung mit 3 Tabletten zur Steigerung von Leistung, Kraft, Stärke und Ausdauer mit reinem Shilajit, Orangen- und Heidelbeergeschmack - laborgeprüft | |
| 19 | svaa. Leben | Tablette | svaa. life Weltneuheit 500 mg Shilajit/Shilajeet Brausetabletten 21 Tabletten mit Ashwagandha, Gokshuru, Safran und Safed Musli \| Für Vitalität, Ausdauer, Durchhaltevermögen, strahlende Haut (63 Tabletten) | |

16

20	nveda	Kapsel	Nveda Shilajit Ayurvedic Capsules-60, Himalayan Shilajit für Ausdauer und Stärke, Energie & Immunität Booster Shilajeet für Männer und Frauen	
21	Kühne Pflege	Tablette	Bold Care Shilajit Brausetabletten zur natürlichen Unterstützung der Ausdauer - 20 Brausetabletten, 1er-Pack	
22	PLIX - DER PFLANZENFIX	Tablette	PLIX -THE PLANT FIX 500mg Shilajit Brause - 15 Tabletten (1er Pack) | Mit Safran & Safed Musli für Vitalität | 100% Vegan | Mit Orangengeschmack | Für Männer	

Phytochemie und physikalische Eigenschaften von
Shilajit

♦ Phytochemie von Shilajit:

Die Phytochemie von Shilajit ist komplex und variiert je nach der geografischen Region, aus der es stammt. Shilajit ist eine harzige Substanz, die sich in den Felsen der Bergregionen bildet und aus einer Mischung von organischen und anorganischen Verbindungen besteht.

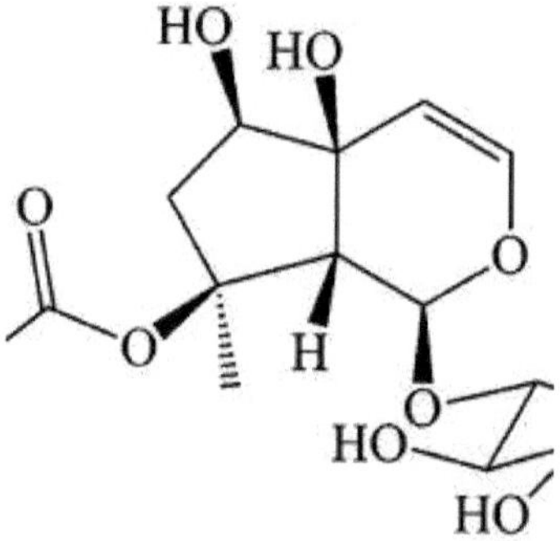

Abbildung Nr. 5: Diese Abbildung zeigt die chemische Formel von Shilajit

Zu den wichtigsten Bestandteilen gehören:

- ## Fulvinsäure:
Fulvosäure ist ein Hauptbestandteil von Shilajit und ist für seine antioxidativen Eigenschaften bekannt. Sie ist eine Art Huminstoff, der sich bei der Zersetzung von organischem Material bildet.

- ## Mineralien:
Shilajit enthält eine Reihe von Mineralien, darunter Eisen, Zink, Kupfer, Mangan, Magnesium und andere. Die mineralische Zusammensetzung kann je nach den spezifischen geologischen Bedingungen der Region variieren.

- ## Dibenzo-Alpha-Pyrone (DBPs):
DBPs sind organische Verbindungen, die in Shilajit vorkommen und von denen man annimmt, dass sie zu seinen pharmakologischen Wirkungen beitragen. Diese Verbindungen wurden auf ihre potenziellen antioxidativen und entzündungshemmenden Eigenschaften hin untersucht.

- ## Dibenzo-Alpha-Pyron Chromoproteine:
Chromoproteine sind eine weitere Gruppe von Verbindungen in Shilajit, die zu seiner Farbe beitragen und antioxidative Eigenschaften haben können.

- ## Huminstoffe und Humin-ähnliche Substanzen:

Dies sind komplexe organische Verbindungen, die bei der Zersetzung von pflanzlichen und mikrobiellen Stoffen entstehen. Sie tragen zur Gesamtzusammensetzung von Shilajit bei.

- **Aminosäuren:**

Shilajit enthält verschiedene Aminosäuren, die Bausteine der Proteine. Das Vorhandensein von Aminosäuren trägt zu seinem Nährwertprofil bei.

- **Phenolische Verbindungen:**

In Shilajit wurden phenolische Verbindungen mit antioxidativen Eigenschaften nachgewiesen, die zu seinem potenziellen gesundheitlichen Nutzen beitragen.

- **Triterpene und Diterpene:**

In einigen Studien wurden in Shilajit Triterpene und Diterpene identifiziert, bei denen es sich um organische Verbindungen mit potenziellen biologischen Aktivitäten handelt.

- **Chromoproteine:**

Chromoproteine sind Verbindungen, die zur Färbung von Shilajit beitragen. Diese Substanzen enthalten wahrscheinlich sowohl Protein- als auch Nicht-Protein-Komponenten.

Die Forschung über die Phytochemie von Shilajit ist noch nicht abgeschlossen, und die genaue Zusammensetzung kann je nach Faktoren wie Höhenlage, Klima und spezifischen geologischen Merkmalen der Region variieren. Obwohl Shilajit seit Jahrhunderten in der traditionellen Medizin verwendet wird, sind weitere wissenschaftliche Studien erforderlich, um seine komplexe Zusammensetzung und die Mechanismen hinter seinen potenziell gesundheitsfördernden Wirkungen vollständig zu verstehen.

- ♦ **Spurenelement in Shilajit:**

Die spezifische Zusammensetzung der Spurenelemente in Shilajit kann je nach dem geografischen Standort, von dem es stammt, variieren. Es ist bekannt, dass Shilajit verschiedene Mineralien und Spurenelemente enthält, die durch seine Entstehung in Gesteinen und die Zersetzung von pflanzlichen und mikrobiellen Stoffen entstanden sind. **Hier ist eine Liste einiger üblicher Spurenelemente, die in typischem Shilajit enthalten sind:**

1.	**Eisen (Fe)**
2.	**Zink (Zn)**
3.	**Kupfer (Cu)**
4.	**Mangan (Mn)**
5.	**Magnesium (Mg)**
6.	**Kalzium (Ca)**
7.	**Strontium (Sr)**
8.	**Barium (Ba)**
9.	**Silizium (Si)**
10.	**Natrium (Na)**
11.	**Kalium(K)**

12.	Chrom (Cr)
13.	Selen (Se)
14.	Kobalt (Co)
15.	Nickel (Ni)
16.	Molybdän (MO)
17.	Vanadium(V)
18.	Bor (B)
19.	Lithium (Li)
20.	Rubidium (Rb)
21.	Kadmium (Cd)
22.	Blei (Pb)
23.	Quecksilber (Hg)
24.	Arsen (As)
25.	Aluminium (Al)

Es ist wichtig zu wissen, dass die Konzentration dieser Spurenelemente von Faktoren wie der Höhenlage, dem Klima und den spezifischen geologischen Bedingungen der Region, aus der das Shilajit stammt, abhängen kann. Darüber hinaus können auch die Verarbeitungsmethoden, die zur Herstellung von Shilajit-Produkten wie Pulvern oder Extrakten verwendet werden, die Konzentration der Spurenelemente beeinflussen.

Shilajit wird zwar oft wegen seines Mineraliengehalts geschätzt, doch muss man auf den Gehalt an bestimmten Elementen, insbesondere Schwermetallen, achten. Qualitätskontrollmaßnahmen und der Bezug von Shilajit von seriösen Lieferanten, die sich an Sicherheits- und Reinheitsstandards halten, sind wichtige Überlegungen für diejenigen, die Shilajit als Nahrungsergänzungsmittel verwenden. Analytische Untersuchungen von Shilajit-Produkten können Aufschluss über ihren Gehalt an Mineralien und Spurenelementen geben.

♦ Chemische & Empirische Formel von Shilajit:

Um ehrlich zu sein, gibt es für Shilajit derzeit keine chemische Standardformel, und es ist schwierig, eine universelle Gleichung aufzustellen, da jeder Ort eine etwas andere Mineralzusammensetzung aufweist. Ganz zu schweigen davon, dass niemand die chemische Formel für die Fulvinsäure selbst nennen kann, was es praktisch schwierig macht, den Fulvinsäureanteil von Shilajit zu nehmen!

Obwohl dies bei der chemischen Formel der Fall sein könnte, schlug R. G. Jusupow 1979 eine grundlegende empirische Formel vor.

$$CaSi\ (KNa)C25H57O26$$
$$+$$
$$C6H6O3$$

♦ **Physikalische Eigenschaften von Shilajit:**

Shilajit ist eine komplexe harzartige Substanz mit einzigartigen physikalischen Eigenschaften. Sein Aussehen, seine Textur und andere Eigenschaften können je nach Quelle und Verarbeitung variieren. Hier sind einige der wichtigsten physikalischen Eigenschaften von Shilajit:

o **Erscheinungsbild:**

Shilajit hat normalerweise eine dunkle, braune bis schwarze Farbe. Sein Aussehen kann von einer glänzenden, glänzenden Textur bis hin zu einer eher matten Oberfläche reichen.

Abbildung 6: Dieses Bild zeigt das Aussehen von Shilajit

o **Textur:**

Die Textur von Shilajit ist klebrig und teerartig. Bei Wärme ist es weich und biegsam, kann aber bei niedrigeren Temperaturen hart und spröde werden.

o **Löslichkeit:**

Shilajit ist teilweise wasserlöslich und löst sich in warmem Wasser leichter auf als in kaltem Wasser. Allerdings ist es in organischen Lösungsmitteln wie Ethanol besser löslich.

o **Geruch und Geschmack:**

Shilajit hat einen charakteristischen erdigen und leicht bitteren Geschmack. Sein Geruch kann stark sein und ein stechendes, harziges Aroma haben.

o **Die Dichte:**

Die Dichte von Shilajit kann variieren, aber im Allgemeinen ist es aufgrund seines Mineraliengehalts sehr dicht. Sein spezifisches Gewicht hängt von der Konzentration der Mineralien und organischen Verbindungen ab.

o **Temperatur-Empfindlichkeit:**

Shilajit ist temperaturempfindlich. Bei Wärme wird es weicher und biegsamer, bei kühleren Temperaturen kann es sich verhärten und spröde werden.

o **Hygroskopisch Natur:**

Shilajit ist hygroskopisch, das heißt, es hat die Fähigkeit, Feuchtigkeit aus der Luft aufzunehmen. Diese Eigenschaft kann seine Konsistenz und Textur im Laufe der Zeit beeinflussen.

o **Flammentest:**

Wenn ein kleines Stück Shilajit mit einer Flamme erhitzt wird, kann es ein charakteristisches knisterndes Geräusch geben, das als "Shilajit-Snap" bekannt ist. Dieses Phänomen wird manchmal als informeller Test für die Echtheit von Shilajit verwendet.

Es ist wichtig zu wissen, dass die physikalischen Eigenschaften von Shilajit durch verschiedene Faktoren beeinflusst werden können, darunter seine geografische Herkunft, die spezifischen Gesteine und Mineralien in seiner Zusammensetzung und die verwendeten Verarbeitungsmethoden. Shilajit wird häufig für den Verzehr in verschiedenen Formen verarbeitet, z. B. in Form von Pulvern, Kapseln oder Extrakten, was sich ebenfalls auf sein Aussehen und seine Beschaffenheit auswirken kann. Beim Kauf von Shilajit-Produkten ist es ratsam, sie von seriösen Anbietern zu beziehen, um Echtheit und Qualität zu gewährleisten.

Shilajit: Verwendungen, Bedeutung und Vorteile

♦ Verwendungen von Shilajit:

Shilajit wird in der traditionellen Medizin, insbesondere im Ayurveda, seit Jahrhunderten aufgrund seiner wahrgenommenen gesundheitlichen Vorteile verwendet. Während seine traditionellen Anwendungen vielfältig sind, ist es wichtig zu wissen, dass die wissenschaftliche Forschung zu Shilajit noch nicht abgeschlossen ist und weitere Beweise benötigt werden, um alle seine potenziellen Anwendungen vollständig zu bestätigen.

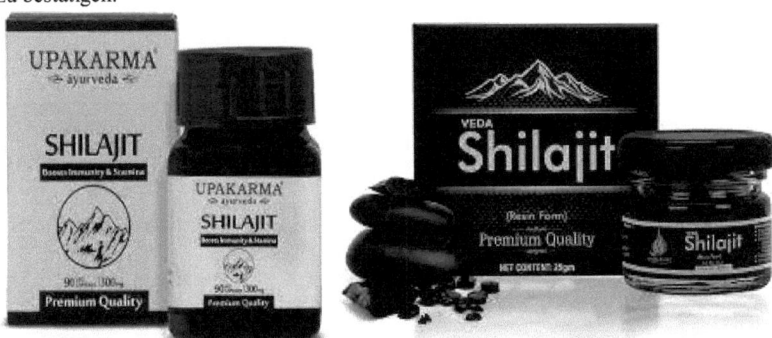

Abbildung Nr. 7: Diese Abbildung zeigt die verschiedenen Arten von Shilajit

Zu den berichteten Verwendungen und potenziellen Vorteilen von Shilajit gehören:

o **Energie und Ausdauer:**

Shilajit wird traditionell als Mittel zur Steigerung der Energie und der körperlichen Ausdauer angesehen. Es wird häufig als natürliches Heilmittel zur Bekämpfung von Müdigkeit und zur Förderung der allgemeinen Vitalität eingesetzt.

o **Kognitive Funktion:**

Zu den traditionellen Verwendungen von Shilajit gehört seine Rolle bei der Unterstützung der kognitiven Funktion und der geistigen Klarheit. Es wird angenommen, dass es adaptogene Eigenschaften hat und dem Körper hilft, sich an Stress anzupassen, was sich positiv auf das geistige Wohlbefinden auswirken kann.

o **Anti-Aging-Eigenschaften:**

Shilajit wird manchmal mit Anti-Aging-Effekten in Verbindung gebracht. Es wird angenommen, dass es Langlebigkeit und Vitalität fördert, und seine antioxidativen Eigenschaften können dazu beitragen, die Zellen vor oxidativem Stress zu schützen.

o **Unterstützung des Immunsystems:**

Die traditionelle Verwendung lässt vermuten, dass Shilajit eine immunmodulierende Wirkung hat und die natürlichen Abwehrkräfte des Körpers gegen Infektionen und Krankheiten unterstützt.

o **Entzündungen und Arthritis:**

Einige Studien deuten darauf hin, dass Shilajit entzündungshemmende Eigenschaften haben könnte, was bei entzündlichen Erkrankungen wie Arthritis von Vorteil sein könnte.

o **Antioxidative Aktivität:**

Shilajit ist reich an Fulvosäure und anderen Verbindungen mit antioxidativen Eigenschaften. Antioxidantien helfen, freie Radikale im Körper zu neutralisieren, was zu allgemeiner Gesundheit und Wohlbefinden beitragen kann.

o **Reproduktive Gesundheit des Mannes:**

In der traditionellen Anwendung wird Shilajit häufig mit der Gesundheit der männlichen Fortpflanzung in Verbindung gebracht. Einige Studien deuten auf mögliche Vorteile für die männliche Fruchtbarkeit, den Testosteronspiegel und die Fortpflanzungsfunktion hin. Shilajit spielt eine entscheidende Rolle für die Gesundheit der männlichen Fortpflanzung, einschließlich der Spermienproduktion und der allgemeinen sexuellen Funktion. Es wird angenommen, dass das Vorhandensein von Fulvosäure in Shilajit die Nährstoffaufnahme verbessert und so möglicherweise die Versorgung der Fortpflanzungsorgane mit essenziellen Nährstoffen unterstützt. Darüber hinaus könnten die antioxidativen Eigenschaften von Shilajit dazu beitragen, die Spermien vor oxidativem Stress zu schützen, der die Fruchtbarkeit negativ beeinflussen kann. Obwohl weitere Forschungen, insbesondere gut konzipierte klinische Studien, erforderlich sind, um diese potenziellen Vorteile zu bestätigen und die spezifischen Mechanismen zu klären, ist Shilajit ein vielversprechendes natürliches Ergänzungsmittel zur Unterstützung der männlichen Fortpflanzungsgesundheit. Wie bei jeder gesundheitlichen Intervention sollten Personen vor der Aufnahme von Shilajit in ihre Routine einen Arzt konsultieren, insbesondere wenn sie gesundheitliche Vorerkrankungen haben oder sich einer Fruchtbarkeitsbehandlung unterziehen.

o **Shilajit hilft bei der Kontrolle des Blutzuckerspiegels:**

Vorläufige Untersuchungen deuten darauf hin, dass Shilajit bei der Regulierung des Blutzuckerspiegels eine Rolle spielen könnte, was für Menschen mit Diabetes von Vorteil sein könnte. Shilajit wurde auf seine mögliche Rolle bei der Kontrolle des Blutzuckerspiegels untersucht, insbesondere im Zusammenhang mit Diabetes. Die harzartige Substanz, die aus Bergregionen stammt, enthält eine Vielzahl von Mineralien, Fulvosäuren und anderen bioaktiven Verbindungen, die möglicherweise zu ihrer therapeutischen Wirkung beitragen. Einer der vorgeschlagenen Mechanismen ist sein Einfluss auf den Glukosestoffwechsel und die Insulinempfindlichkeit. Fulvosäure, ein Hauptbestandteil von Shilajit, soll die Aufnahme von Glukose durch die Zellen verbessern und damit möglicherweise die Insulinsensitivität erhöhen.

Darüber hinaus kann Shilajit wichtige Enzyme beeinflussen, die an der Regulierung des Blutzuckerspiegels beteiligt sind. Einige Studien, die hauptsächlich an Tieren durchgeführt wurden, haben gezeigt, dass die Einnahme von Shilajit zu einer Senkung des Blutzuckerspiegels führen kann. Diese Ergebnisse deuten auf eine mögliche Rolle von Shilajit bei der Behandlung von Diabetes hin.

Es ist jedoch wichtig festzustellen, dass weitere solide, gut kontrollierte klinische Studien am Menschen erforderlich sind, um die Wirksamkeit und Sicherheit von Shilajit für die Kontrolle des Blutzuckerspiegels schlüssig zu belegen. Menschen mit Diabetes sollten Vorsicht walten lassen und sich von medizinischem Fachpersonal beraten lassen, bevor sie die Einnahme von Shilajit als Teil ihres Diabetesmanagementplans in Betracht ziehen.

Die Einnahme von Shilajit oder anderen Nahrungsergänzungsmitteln sollte mit einem umfassenden Verständnis des allgemeinen Gesundheitszustands und der individuellen Reaktion sowie in Absprache mit qualifizierten Gesundheitsdienstleistern erfolgen.

○ **Heilung von Wunden:**

Traditionell wird Shilajit unter anderem auf Wunden aufgetragen, um den Heilungsprozess zu unterstützen. Es wird angenommen, dass es regenerative Eigenschaften hat, die die Gewebereparatur unterstützen können.

Es ist wichtig, Vorsicht walten zu lassen und vor der Einnahme von Shilajit einen Arzt zu konsultieren, insbesondere wenn Sie bereits gesundheitliche Probleme haben oder Medikamente einnehmen. Außerdem können die Qualität und die Echtheit von Shilajit-Produkten variieren, daher ist es ratsam, es aus seriösen Quellen zu beziehen.

Abbildung Nr. 8: Diese Abbildung zeigt die Verwendung von Shilajit

◆ **Medizinische Verwendung von Shilajit:**

Shilajit wird in der traditionellen Medizin, insbesondere im Ayurveda, für verschiedene medizinische Zwecke verwendet. Auch wenn die traditionellen Verwendungen vielfältig sind, ist es wichtig, darauf hinzuweisen, dass die wissenschaftliche Forschung zu Shilajit noch nicht abgeschlossen ist und dass weitere Beweise erforderlich sind, um seine potenziellen medizinischen Anwendungen vollständig zu bestätigen. Einige berichtete medizinische Verwendungen von Shilajit umfassen:

o **Shilajit Verwendung für Anämie:**

Während Shilajit in bestimmten traditionellen Medizinsystemen traditionell für verschiedene gesundheitliche Zwecke verwendet wird, einschließlich der Förderung der allgemeinen Vitalität und des Wohlbefindens, gibt es nur begrenzte wissenschaftliche Beweise, die speziell seine Verwendung bei Anämie unterstützen.

Anämie ist ein Zustand, der durch einen Mangel an roten Blutkörperchen oder Hämoglobin gekennzeichnet ist und zu einer verminderten Sauerstofftransportkapazität im Blut führt. Die primäre Behandlung der Anämie besteht in der Regel darin, die zugrunde liegende Ursache zu beheben. Dazu können Ernährungsmängel, chronische Krankheiten oder andere Faktoren gehören, die die Produktion oder Lebensdauer der roten Blutkörperchen beeinträchtigen.

Shilajit enthält verschiedene Mineralien, darunter auch Eisen, das für die Synthese von Hämoglobin entscheidend ist. Eisenmangel ist eine häufige Ursache für bestimmte Arten von Anämie, und die Erhöhung der Eisenzufuhr ist ein Standardansatz bei der Behandlung von Eisenmangelanämie. Der Eisengehalt von Shilajit ist jedoch im Vergleich zu herkömmlichen Eisenpräparaten oder diätetischen Eisenquellen möglicherweise nicht ausreichend oder leicht absorbierbar, um Anämie zu behandeln.

Wenn jemand Symptome einer Anämie aufweist oder einen Eisenmangel vermutet, ist es wichtig, einen Arzt aufzusuchen, um eine korrekte Diagnose und eine angemessene Behandlung zu erhalten. Gesundheitsdienstleister können je nach Art und Ursache der Anämie Eisenpräparate oder Ernährungsumstellungen empfehlen.

Während Shilajit im Allgemeinen als sicher für die meisten Menschen angesehen wird, wenn es in Maßen verwendet wird, sollte seine Verwendung für bestimmte medizinische Bedingungen mit Vorsicht angegangen werden, und es sollte professioneller medizinischer Rat eingeholt werden. Außerdem sollten schwangere Frauen, Personen mit bestimmten Erkrankungen oder Personen, die Medikamente einnehmen, vor der Einnahme von Nahrungsergänzungsmitteln, einschließlich Shilajit, einen Arzt konsultieren.

o **Verwendung von Shilajit bei Muskelermüdung:**

Shilajit, ein natürliches Harz, das aus Bergregionen stammt, hat wegen seiner potenziellen Rolle bei der Behandlung von Muskelermüdung Aufmerksamkeit erregt. Shilajit wird traditionell in der ayurvedischen Medizin verwendet und soll adaptogene Eigenschaften besitzen, die die Fähigkeit des Körpers zur Stressbewältigung, einschließlich körperlicher Anstrengung, verbessern können. Der reiche Mineraliengehalt, einschließlich Fulvosäure, trägt zu den angeblichen Vorteilen von Shilajit für die allgemeine Energie und Ausdauer bei. Sportler und Fitnessbegeisterte haben seine Verwendung als natürliches Ergänzungsmittel zur Bekämpfung von Muskelermüdung und zur Verbesserung der Regeneration nach dem Training erforscht. Während die wissenschaftliche Forschung über die Auswirkungen von Shilajit auf die Muskelermüdung noch nicht abgeschlossen ist, deuten einige Studien darauf hin, dass seine antioxidativen Eigenschaften eine Rolle bei der Verringerung des durch Sport verursachten oxidativen Stresses spielen könnten. Darüber hinaus wurde das Potenzial von Shilajit, die Funktion der Mitochondrien, der energieproduzierenden Einheiten in den Zellen, zu optimieren, hinsichtlich seiner Auswirkungen auf die Ausdauer- und Muskelleistung untersucht. Trotz dieser vielversprechenden Aspekte ist es für den Einzelnen von entscheidender Bedeutung, die Verwendung von Shilajit gegen Muskelermüdung mit Vorsicht anzugehen und sich von medizinischem Fachpersonal beraten zu lassen, um sicherzustellen, dass es für die individuellen Bedürfnisse und die allgemeine Gesundheit geeignet ist.

o **Verwendung von Shilajit für das Herz:**

Shilajit, eine harzhaltige Substanz, die aus den Felsen der Bergregionen gewonnen wird, hat wegen seiner potenziellen kardiovaskulären Vorteile Aufmerksamkeit erregt. Obwohl die wissenschaftliche Forschung noch nicht abgeschlossen ist, deuten traditionelle Anwendungen und vorläufige Studien darauf hin, dass sich Shilajit positiv auf die Herzgesundheit auswirken könnte. Das Vorhandensein von Fulvinsäure, einem Hauptbestandteil von Shilajit, soll antioxidative Eigenschaften besitzen, die das Herz vor oxidativem Stress schützen könnten, einem Faktor, der mit Herz-Kreislauf-Erkrankungen in Verbindung gebracht wird. Es wird angenommen, dass Shilajit auch zur Regulierung des Blutdrucks und des Cholesterinspiegels beiträgt, Schlüsselfaktoren für die Erhaltung der kardiovaskulären Gesundheit. Darüber hinaus könnte seine potenziell entzündungshemmende Wirkung eine Rolle bei der Verringerung von Entzündungen im Herz-Kreislauf-System spielen. Wie bei allen Nahrungsergänzungsmitteln ist auch bei Shilajit Vorsicht geboten und die Einnahme sollte nur unter Anleitung eines Arztes erfolgen, insbesondere bei Personen mit bestehenden Herzproblemen oder bei Personen, die Medikamente einnehmen. Shilajit ist ein vielversprechender Wirkstoff zur Förderung der Herzgesundheit, aber es sind noch genauere Untersuchungen erforderlich, um seine Mechanismen vollständig zu verstehen und endgültige Empfehlungen auszusprechen.

o **Verwendungen von Shilajit für das Haar:**

Shilajit, ein natürliches Harz, das in Gebirgsregionen vorkommt, hat wegen seiner potenziellen Vorteile für die Gesundheit der Haare Aufmerksamkeit erregt. Shilajit ist reich an Mineralien, Fulvosäure und anderen bioaktiven Verbindungen und soll traditionell die Kopfhaut und die Haarfollikel nähren. Sein Mineraliengehalt, darunter Eisen, Zink und Mangan, kann zur Erhaltung eines gesunden Haarwachstums beitragen. Die Fulvosäure, ein Hauptbestandteil, ist für ihre antioxidativen Eigenschaften bekannt und könnte die Haarfollikel vor oxidativem Stress schützen. Einige traditionelle Anwendungen von Shilajit beinhalten die topische Anwendung auf der Kopfhaut, um das Haar zu stärken und Haarausfall zu verhindern. Darüber hinaus kann seine angeblich entzündungshemmende Wirkung bei Erkrankungen wie Schuppen und Kopfhautreizungen helfen. Shilajit ist ein vielversprechender Wirkstoff zur Förderung der Haargesundheit, doch die wissenschaftliche Forschung über seine spezifischen Auswirkungen auf das Haar steht noch aus. Personen, die Shilajit für die Haarpflege in

Erwägung ziehen, sollten dies mit Vorsicht tun und eine persönliche Beratung durch einen Arzt oder Haarpflegeexperten in Betracht ziehen.

o **Verwendungen von Shilajit bei Geschwüren:**

Shilajit, eine natürliche harzige Substanz, die aus Bergregionen stammt, wird traditionell wegen seiner potenziellen gesundheitlichen Vorteile verwendet, und es gibt einige vorläufige Beweise für seine Verwendung bei bestimmten Verdauungsproblemen, einschließlich Geschwüren. Die Zusammensetzung von Shilajit enthält Fulvinsäure, die für ihre entzündungshemmenden und antioxidativen Eigenschaften bekannt ist. Diese Eigenschaften könnten dazu beitragen, dass die Substanz die Magen- und Darmschleimhaut beruhigen und schützen kann. Darüber hinaus werden Shilajit adaptogene Eigenschaften zugeschrieben, die den Körper bei der Anpassung an Stressfaktoren unterstützen, was im Zusammenhang mit der Heilung von Geschwüren von Vorteil sein kann. In der traditionellen Medizin wird Shilajit wegen seiner angeblichen gastroprotektiven Wirkung eingesetzt. Es ist jedoch von entscheidender Bedeutung, die Verwendung von Shilajit bei Geschwüren mit Vorsicht anzugehen und sich mit einem Arzt zu beraten. Geschwüre sind eine ernste Erkrankung, die eine spezielle medizinische Behandlung erfordern kann, und es ist möglicherweise nicht angebracht, sich ausschließlich auf natürliche Heilmittel ohne professionelle Beratung zu verlassen. Um die Wirksamkeit und Sicherheit von Shilajit bei der Behandlung von Geschwüren zu belegen, sind weitere solide wissenschaftliche Untersuchungen erforderlich.

o **Energie und Vitalität:**

Shilajit gilt traditionell als Adaptogen, das dem Körper hilft, sich an Stress und Müdigkeit anzupassen. Es wird verwendet, um das Energieniveau zu erhöhen, Müdigkeit zu bekämpfen und die allgemeine Vitalität zu fördern.

o **Shilajit Verwendung für Diabetes:**

Shilajit, ein harziges Exsudat, das in Bergregionen vorkommt, wurde auf seine möglichen Vorteile bei der Behandlung von Diabetes untersucht. Die Forschung befindet sich zwar noch im Anfangsstadium, aber einige Studien deuten darauf hin, dass Shilajit positive Auswirkungen auf diabetesbezogene Parameter haben könnte. Shilajit enthält Fulvinsäure, von der angenommen wird, dass sie die Aufnahme von Glukose in die Zellen verbessert und die Insulinempfindlichkeit erhöht. Darüber hinaus kann es zur Regulierung des Blutzuckerspiegels beitragen, indem es Schlüsselenzyme beeinflusst, die am Glukosestoffwechsel beteiligt sind. Einige Tierstudien haben vielversprechende Ergebnisse gezeigt, die darauf hindeuten, dass eine Shilajit-Supplementierung zu einer Senkung des Blutzuckerspiegels führen kann. Es sind jedoch strengere klinische Studien mit Menschen erforderlich, um diese Ergebnisse zu bestätigen und die Sicherheit und Wirksamkeit von Shilajit als ergänzenden Ansatz bei der Behandlung von Diabetes zu belegen. Menschen mit Diabetes sollten sich von medizinischem Fachpersonal beraten lassen, bevor sie Shilajit oder ein anderes Ergänzungsmittel in ihren Behandlungsplan aufnehmen.

o **Shilajit Am besten bei Knochen- und Gelenkschmerzen:**

Einige Studien deuten darauf hin, dass Shilajit dazu beitragen kann, Entzündungen in den Gelenken zu verringern, was Menschen mit Erkrankungen wie Arthritis Linderung verschaffen kann. Die in Shilajit enthaltenen Mineralien, darunter Kalzium und Magnesium, sind für die Knochengesundheit unerlässlich und können dazu beitragen, starke und widerstandsfähige Knochen zu erhalten. Darüber hinaus kann die Fulvinsäure im Shilajit die Aufnahme dieser Mineralien unterstützen. Zwar sind weitere Forschungen, insbesondere klinische Studien am Menschen, erforderlich, um die spezifischen Mechanismen und die Wirksamkeit von Shilajit für die Gesundheit von Knochen und Gelenken zu ermitteln, doch deuten vorläufige Erkenntnisse darauf hin, dass Shilajit ein natürliches Nahrungsergänzungsmittel sein könnte, das für diejenigen in Betracht gezogen werden sollte, die Unterstützung bei der Behandlung von Beschwerden des Bewegungsapparats suchen. Wie bei allen Nahrungsergänzungsmitteln sollten Personen vor der Aufnahme von Shilajit in ihre Wellness-Routine einen Arzt konsultieren, vor allem, wenn sie bereits eine Vorerkrankung haben oder andere Medikamente einnehmen.

o **Anti-Angst und Stressabbau:**
Shilajit wird manchmal zur Linderung von Stress und Angstzuständen eingesetzt. Seine adaptogenen Eigenschaften können zu einem Gefühl der Gelassenheit und des Wohlbefindens beitragen.

o **Gesundheit der Knochen:**
Einige Studien deuten darauf hin, dass Shilajit positive Auswirkungen auf die Knochengesundheit haben kann, indem es möglicherweise die Mineraldichte und die Festigkeit der Knochen beeinflusst.
Es ist wichtig, die Einnahme von Shilajit mit Vorsicht anzugehen und einen Arzt zu konsultieren, vor allem, wenn Sie bereits gesundheitliche Probleme haben oder Medikamente einnehmen. Außerdem können die Qualität und die Echtheit von Shilajit-Produkten variieren, daher ist es ratsam, es aus seriösen Quellen zu beziehen.

o **Wie schnell kann Shilajit bei der Behandlung von Akne helfen?**
Bei meinem letzten Wissens-Update im Januar 2022 gab es noch keine belastbaren wissenschaftlichen Beweise, die einen konkreten Zeitrahmen für die Behandlung von Akne mit Shilajit angeben könnten. Shilajit ist eine natürliche Substanz mit angeblichen gesundheitlichen Vorteilen, einschließlich antioxidativer und entzündungshemmender Eigenschaften, aber es sind weitere Forschungen erforderlich, um seine Wirksamkeit bei der Behandlung von Akne zu belegen.
Die Wirksamkeit einer Aknebehandlung kann von Person zu Person sehr unterschiedlich sein. Darüber hinaus können Faktoren wie der Schweregrad der Akne, individuelle Hauttypen und die Einhaltung des Behandlungsplans beeinflussen, wie schnell man Ergebnisse sehen kann.
Wenn Sie erwägen, Shilajit zur Behandlung von Akne zu verwenden, ist es wichtig, mit realistischen Erwartungen an die Behandlung heranzugehen. Es ist ratsam, einen Arzt oder Dermatologen zu konsultieren, bevor Sie eine neue Aknebehandlung beginnen,

einschließlich natürlicher Heilmittel wie Shilajit. Er kann Ihnen auf der Grundlage Ihres spezifischen Hautzustands und Ihrer gesundheitlichen Vorgeschichte Ratschläge geben. In der Zwischenzeit gibt es für traditionelle und bewährte Aknebehandlungen, wie z. B. topische Retinoide, Benzoylperoxid und Salicylsäure, umfangreichere Belege für ihre Wirksamkeit. Wenn Sie schnellere und nachweisbare Ergebnisse erzielen möchten, sind diese Behandlungen möglicherweise besser geeignet. Befolgen Sie immer den Rat Ihres Arztes, um den besten Ansatz zur Behandlung Ihrer Akne zu finden.

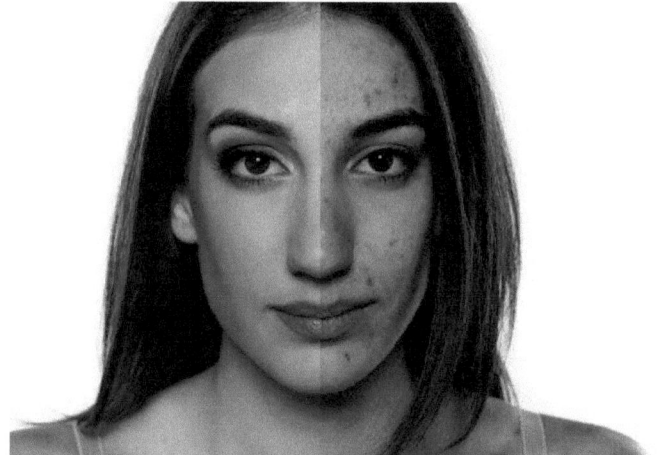

Abbildung Nr. 9: Dieses Bild zeigt die Shilajit am besten für Akne

◆ Wie verwendet man Shilajit?

Die Verwendung von Shilajit kann je nach individuellen Vorlieben, der Form, in der es gewonnen wird, und dem beabsichtigten Zweck variieren. Shilajit ist in verschiedenen Formen erhältlich, darunter Harz, Pulver, Kapseln und Nahrungsergänzungsmittel. Hier sind allgemeine Richtlinien für die Verwendung von Shilajit:

Reines Harz:

- o Wenn Sie Shilajit in Harzform haben, brechen Sie zunächst eine kleine Portion ab. Shilajit-Harz ist oft klebrig und kann in warmem Wasser oder Milch aufgelöst werden.
- o Mischen Sie das Harz in einem Glas mit warmem Wasser oder Milch, bis es sich auflöst. Die Wärme kann das Harz geschmeidiger machen.

Abbildung Nr. 10: Diese Abbildung zeigt die reine Harzform von Shilajit

Pulverisierte Form:

- o Wenn Sie Shilajit in Pulverform haben, können Sie es mit warmem Wasser, Milch oder einem Smoothie mischen.
- o Beginnen Sie mit einer kleinen Menge (wie auf dem Produktetikett empfohlen) und erhöhen Sie diese nach Bedarf.

Abbildung Nr. 11: Diese Abbildung zeigt die pulverisierte Form von Shilajit

Kapseln oder Nahrungsergänzungsmittel:

- o Halten Sie sich an die auf dem Produktetikett angegebene empfohlene Dosierung.
- o Nehmen Sie Shilajit-Kapseln oder Nahrungsergänzungsmittel mit Wasser oder einem Getränk nach Anweisung ein.

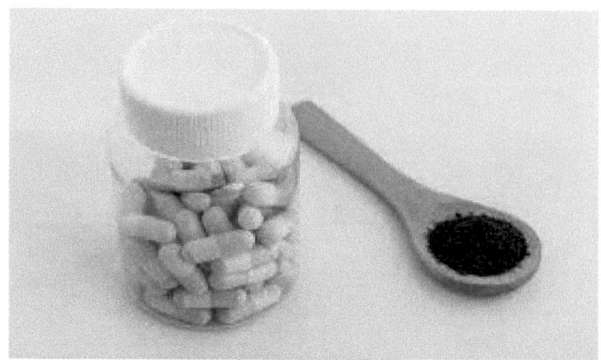

Abbildung Nr. 12: Dieses Bild zeigt die Kapseln oder Ergänzungen Form von Shilajit

Topische Anwendung:

o Manche Menschen verwenden Shilajit topisch bei Hautkrankheiten oder für die Gesundheit der Haare. Dazu kann man eine kleine Menge Shilajit mit einem Trägeröl (z. B. Kokosnussöl) mischen und auf die Haut oder das Haar auftragen.

Konsultieren Sie eine medizinische Fachkraft:

o Bevor Sie Shilajit in Ihre Routine einbauen, insbesondere wenn Sie gesundheitliche Probleme haben oder Medikamente einnehmen, ist es ratsam, einen Arzt zu konsultieren, um eine individuelle Beratung zu erhalten.

Qualität ist wichtig:

o Achten Sie darauf, dass Sie Shilajit von seriösen Lieferanten beziehen, um Qualität und Echtheit zu gewährleisten. Authentisches Shilajit wird aus Bergregionen gewonnen und verantwortungsvoll verarbeitet.

Konsistenz ist der Schlüssel:

o Wenn Sie Shilajit für bestimmte gesundheitliche Ziele verwenden, wird oft auf eine konsequente Einnahme Wert gelegt. Es kann einige Zeit dauern, bis sich mögliche Vorteile bemerkbar machen.

Zeitplan:

o Manche Menschen bevorzugen die Einnahme von Shilajit am Morgen oder zu den Mahlzeiten, aber der Zeitpunkt kann je nach persönlicher Vorliebe variieren.

Denken Sie daran, dass Shilajit zwar eine lange Geschichte traditioneller Anwendung und einige vielversprechende vorläufige Forschungsergebnisse hat, dass es aber mit Vorsicht zu genießen ist. Wenn Sie Bedenken oder Fragen haben, sollten Sie einen Arzt konsultieren, um sicherzustellen, dass Shilajit für Ihre individuellen Bedürfnisse und Umstände geeignet ist.

Abbildung Nr. 13: Dieses Bild zeigt den frisch hergestellten reinen Shilajit-Extrakt

◆ **Medizinische Eigenschaften von Shilajit:**

Primäre Qualitäten	*Sekundäre Qualitäten*
<ul><li>Aphrodisiakum</li><li>Spermatozoen</li><li>Alterativ</li><li>Verjüngungsmittel</li><li>Entzündungshemmend</li><li>Fiebersenkend</li><li>Anti-Fettleibigkeit</li><li>Nerventonikum</li><li>Anxiolytikum</li><li>Antilithiaten</li><li>Antidiabetikum</li><li>Diuretikum</li><li>Antihyperlipidämie</li><li>Kardioprotektiv</li></ul>	<ul><li>Bio-Reinigungsmittel</li><li>Antiseptisch</li><li>Anodyne</li><li>Vorspeise</li><li>Stimulans der Verdauung</li><li>Karminativ</li><li>Mildes Abführmittel</li><li>Anthelminthikum</li><li>Blutentgiftungsmittel</li></ul>

◆ **Bedeutung von Shilajits**

Shilajit ist ein bedeutender Naturstoff mit einer reichen Geschichte traditioneller Verwendung, insbesondere in der ayurvedischen Medizin. Shilajit wird aus den Felsen der Bergregionen gewonnen und wegen seiner vielfältigen Mineralien, Fulvosäuren und bioaktiven Verbindungen verehrt. Seine adaptogenen Eigenschaften, von denen traditionell angenommen wird, dass sie die Anpassungsfähigkeit des Körpers an Stress erhöhen, machen es zu einem geschätzten Bestandteil ganzheitlicher Wellness-Praktiken. Die potenziellen Vorteile von Shilajit erstrecken sich auf verschiedene Aspekte der

Gesundheit, darunter Energie und Vitalität, kognitive Funktionen und die Unterstützung des Immunsystems. Da es reich an Antioxidantien ist, soll es oxidativen Stress bekämpfen und zu Anti-Aging-Effekten beitragen. Shilajit wird nicht nur für die innere Gesundheit verwendet, sondern auch für die Haut- und Haarpflege. Obwohl die wissenschaftliche Forschung noch nicht abgeschlossen ist, um die Mechanismen und die Wirksamkeit von Shilajit zu klären, findet es als natürliches Ergänzungsmittel mit potenziell gesundheitsfördernden Eigenschaften immer mehr Beachtung. Wie bei allen Nahrungsergänzungsmitteln sollte man auch bei Shilajit mit Bedacht vorgehen und sich von medizinischem Fachpersonal individuell beraten lassen. Die Bedeutung der Beschaffung von authentischem und hochwertigem Shilajit kann nicht hoch genug eingeschätzt werden, um seine Wirksamkeit und Sicherheit zu gewährleisten.

Shilajit: Unbedenklichkeit und Nebenwirkungen

♦ **Nebenwirkungen von Shilajit:**

Shilajit gilt im Allgemeinen als sicher für die meisten Menschen, wenn es in Maßen verwendet und von seriösen Anbietern bezogen wird. Obwohl Shilajit im Allgemeinen als sicher für die meisten Menschen gilt, wenn es in Maßen verwendet wird, ist es wichtig, sich der möglichen Nebenwirkungen und Überlegungen bewusst zu sein. Bedenken Sie, dass die Reaktionen auf Nahrungsergänzungsmittel individuell unterschiedlich ausfallen können und dass die Qualität von Shilajit-Produkten ebenfalls Einfluss auf die Sicherheit haben kann. Hier sind einige mögliche Nebenwirkungen und Überlegungen im Zusammenhang mit Shilajit:

- **Unbedenklich und gut verträglich:**

Shilajit wird seit langem traditionell verwendet, insbesondere in der ayurvedischen Medizin, wo es als natürliche Substanz mit potenziellen gesundheitlichen Vorteilen gilt.

- **Mineraliengehalt:**

Shilajit enthält verschiedene Mineralien und Fulvosäure, die allgemein als wesentlich für die Gesundheit angesehen werden. Diese Bestandteile tragen zu seinem Nährwertprofil bei.

- **Antioxidative Eigenschaften:**

Die in Shilajit enthaltene Fulvosäure hat eine antioxidative Wirkung, die dazu beitragen kann, oxidativen Stress im Körper zu bekämpfen.

- **Adaptogene Eigenschaften:**

Shilajit wird als Adaptogen eingestuft, und viele Menschen verwenden es wegen seiner angeblichen Fähigkeit, dem Körper bei der Anpassung an Stressfaktoren zu helfen.

- **Qualität und Reinheit:**

Die Qualität und Authentizität von Shilajit-Produkten kann variieren. Es ist wichtig, Shilajit von seriösen Anbietern zu beziehen, um die Reinheit zu gewährleisten und mögliche Verunreinigungen zu vermeiden.

- **Schwermetalle:**

Je nach Quelle kann Shilajit Spuren von Schwermetallen enthalten. Ein regelmäßiger Verzehr von Shilajit mit hohen Schwermetallgehalten könnte schädlich sein. Daher ist es wichtig, hochwertige Produkte mit strengen Qualitätskontrollen zu wählen.

- **Individuelle Empfindlichkeit:**

Während viele Menschen Shilajit gut vertragen, kann die individuelle Empfindlichkeit gegenüber natürlichen Substanzen variieren. Bei manchen Menschen können Magen-Darm-Beschwerden oder allergische Reaktionen auftreten.

- **Wechselwirkungen mit Medikamenten:**

Shilajit kann mit bestimmten Medikamenten interagieren. Personen, die Medikamente einnehmen, sollten einen Arzt konsultieren, bevor sie Shilajit in ihre Routine aufnehmen.

- **Schwangerschaft und Stillen:**

Schwangere und stillende Personen sollten Vorsicht walten lassen und ihren Arzt konsultieren, bevor sie Shilajit einnehmen, da es nur wenige Daten zur Sicherheit in diesen Bevölkerungsgruppen gibt.

- **Magen-Darm-Beschwerden:**

Bei einigen Personen kann es zu Magen-Darm-Beschwerden wie Magenverstimmungen, Durchfall oder Übelkeit kommen, insbesondere wenn sie Shilajit in größeren Mengen einnehmen. Mit einer kleinen Dosis zu beginnen und diese allmählich zu erhöhen, kann helfen, diese Effekte zu minimieren.

- **Allergische Reaktionen:**

Obwohl selten, sind allergische Reaktionen auf Shilajit berichtet worden. Wenn Sie Symptome wie Juckreiz, Hautausschlag, Schwellungen oder Atembeschwerden verspüren, beenden Sie die Einnahme und suchen Sie einen Arzt auf.

- **Wechselwirkungen mit Medikamenten:**

Shilajit kann mit bestimmten Medikamenten interagieren. Es kann möglicherweise die Wirkung von Medikamenten verstärken, was zu einem erhöhten Risiko von Nebenwirkungen führen kann. Personen, die Medikamente einnehmen, sollten sich vor der Einnahme von Shilajit mit einem Arzt beraten.

- **Schwermetallkontamination:**

Je nach Quelle und Verarbeitungsmethode kann Shilajit Spuren von Schwermetallen enthalten. Ein längerer Verzehr von Shilajit mit hohen Schwermetallgehalten kann schädlich sein. Um dieses Risiko zu minimieren, ist es wichtig, hochwertige Produkte von seriösen Anbietern zu wählen.

- **Autoimmunerkrankungen:**

Shilajit kann immunstimulierende Wirkungen haben. Personen mit Autoimmunerkrankungen sollten Shilajit mit Vorsicht verwenden, da es möglicherweise die Immunreaktionen verschlimmern könnte. Menschen mit Autoimmunerkrankungen sollten Shilajit mit Vorsicht verwenden, da es das Immunsystem stimulieren kann.

- **Schwangerschaft und Stillen:**

Über die Verwendung von Shilajit während der Schwangerschaft und Stillzeit liegen nur begrenzte Sicherheitsdaten vor. Schwangere und stillende Personen sollten Vorsicht walten lassen und sich vor der Einnahme von Shilajit mit ihrem Arzt beraten.

Es ist wichtig, die Verwendung von Shilajit mit Vorsicht anzugehen, vor allem, wenn Sie gesundheitliche Vorerkrankungen haben oder Medikamente einnehmen. Bevor Sie Shilajit in Ihre Routine einbauen, ist es ratsam, einen Arzt zu konsultieren, um sich individuell beraten zu lassen. Darüber hinaus kann die Auswahl hochwertiger Shilajit-Produkte von seriösen Anbietern dazu beitragen, Sicherheit und Wirksamkeit zu gewährleisten. Zum Zeitpunkt meiner letzten Wissensaktualisierung im Januar 2022 kann die laufende Forschung weitere Erkenntnisse über das Sicherheitsprofil von Shilajit liefern.

◆ Vorsichtsmaßnahmen bei der Einnahme von Shilajit:

Obwohl Shilajit im Allgemeinen als sicher für die meisten Menschen gilt, wenn es verantwortungsbewusst verwendet wird, gibt es bestimmte Vorsichtsmaßnahmen zu beachten, um seine sichere und wirksame Verwendung zu gewährleisten:

• Konsultieren Sie eine medizinische Fachkraft:

Bevor Sie Shilajit in Ihre Routine einbauen, insbesondere wenn Sie gesundheitliche Probleme haben oder Medikamente einnehmen, sollten Sie unbedingt einen Arzt konsultieren. Dies ist besonders wichtig für schwangere oder stillende Personen und Personen mit Autoimmunerkrankungen.

• Beginnen Sie mit kleinen Dosen:

Wenn Sie Shilajit zum ersten Mal einnehmen, sollten Sie mit einer kleinen Dosis beginnen und beobachten, wie Ihr Körper darauf reagiert. So können Sie Ihre Verträglichkeit einschätzen und das Risiko möglicher Nebenwirkungen minimieren.

• Wählen Sie qualitativ hochwertige Produkte:

Wählen Sie Shilajit-Produkte von seriösen Anbietern, die sich an Qualitätskontrollmaßnahmen halten. Dies trägt dazu bei, die Reinheit des Produkts zu gewährleisten und das Risiko von Verunreinigungen, wie z. B. Schwermetallen, zu minimieren.

• Achten Sie auf Schwermetalle:

Shilajit kann je nach Quelle Spuren von Schwermetallen enthalten. Ein längerer Verzehr von Shilajit mit hohen Schwermetallgehalten kann schädlich sein. Vergewissern Sie sich, dass das von Ihnen gewählte Produkt streng auf den Schwermetallgehalt geprüft wird.

• Überwachung auf allergische Reaktionen:

Obwohl selten, sind allergische Reaktionen auf Shilajit berichtet worden. Wenn Sie Symptome wie Juckreiz, Hautausschlag, Schwellungen oder Atembeschwerden verspüren, beenden Sie die Einnahme und suchen Sie einen Arzt auf.

• Achten Sie auf Magen-Darm-Beschwerden:

Bei einigen Personen können Magen-Darm-Beschwerden wie Magenverstimmung, Durchfall oder Übelkeit auftreten. Wenn diese Symptome auftreten, reduzieren Sie die Dosierung oder brechen Sie die Einnahme ab.

• Wechselwirkungen mit Medikamenten beachten:

Shilajit kann Wechselwirkungen mit bestimmten Medikamenten haben. Wenn Sie Medikamente einnehmen, insbesondere bei chronischen Erkrankungen, konsultieren Sie Ihren Arzt, bevor Sie Shilajit verwenden, um mögliche Wechselwirkungen zu vermeiden.

• Übermäßiger Konsum ist zu vermeiden:

Während Shilajit in Maßen als sicher gilt, kann ein übermäßiger Konsum zu unerwünschten Wirkungen führen. Halten Sie sich an die empfohlene Dosierung, die vom Produkt oder Ihrem Arzt angegeben wird.

- **Achtsamkeit bei Quelle und Verarbeitung:**

Achten Sie auf die Herkunft und die Verarbeitungsmethoden von Shilajit-Produkten. Authentisches Shilajit wird aus Bergregionen gewonnen und verantwortungsvoll verarbeitet.

- **Bilden Sie sich selbst:**

Informieren Sie sich über die möglichen Vorteile und Nebenwirkungen von Shilajit. Wissen befähigt Sie, fundierte Entscheidungen über seine Verwendung zu treffen.

Wenn Sie diese Vorsichtsmaßnahmen beachten und den Gebrauch von Shilajit bewusst angehen, können Sie die potenziellen Vorteile maximieren und gleichzeitig das Risiko unerwünschter Wirkungen minimieren. Stellen Sie Ihre Gesundheit und Ihr Wohlbefinden immer in den Vordergrund und wenden Sie sich an eine medizinische Fachkraft, wenn Sie Bedenken oder Fragen haben.

Antimikrobielle Aktivität von Shilajit

♦ **Mikrobiom von Shilajit:**

Das Mikrobiom von Shilajit bezieht sich auf die Gemeinschaft der Mikroorganismen, die in dieser natürlichen Substanz vorhanden sein können. Shilajit ist ein komplexes harziges Material, das sich in Bergregionen über Jahrhunderte durch die Zersetzung von pflanzlichen und mikrobiellen Stoffen bildet. Das Mikrobiom von Shilajit kann verschiedene Bakterien, Pilze und andere Mikroorganismen umfassen, die zu seiner Bildung und seinen Eigenschaften beitragen.

Die spezifische mikrobielle Zusammensetzung von Shilajit kann in Abhängigkeit von Faktoren wie dem geografischen Standort, an dem es gewonnen wird, den vorhandenen Pflanzen und organischen Stoffen sowie den Umweltbedingungen während seiner Entstehung variieren. Die Forschung zum Mikrobiom von Shilajit ist begrenzt, und die Vielfalt und die Rolle der Mikroorganismen in Shilajit sind nicht so umfassend untersucht wie die mikrobiellen Gemeinschaften in anderen Umgebungen wie dem Boden oder dem menschlichen Darm.

Es ist jedoch bekannt, dass mikrobielle Aktivität eine Rolle bei der Zersetzung von Pflanzenmaterial und der Umwandlung organischer Verbindungen in das komplexe Gemisch spielt, das Shilajit charakterisiert. Darüber hinaus kann das Mikrobiom von Shilajit zu bestimmten bioaktiven Komponenten und Stoffwechselprozessen innerhalb der Substanz beitragen.

Es ist wichtig, darauf hinzuweisen, dass der Schwerpunkt wissenschaftlicher Untersuchungen im Zusammenhang mit Shilajit häufig auf seiner chemischen Zusammensetzung, seinem Mineralgehalt und seinen potenziellen bioaktiven Verbindungen liegt und nicht auf einer eingehenden Analyse seiner mikrobiellen Gemeinschaften. Weitere Forschung ist erforderlich, um die mikrobielle Vielfalt und die Funktionen von Shilajit umfassend zu erforschen.

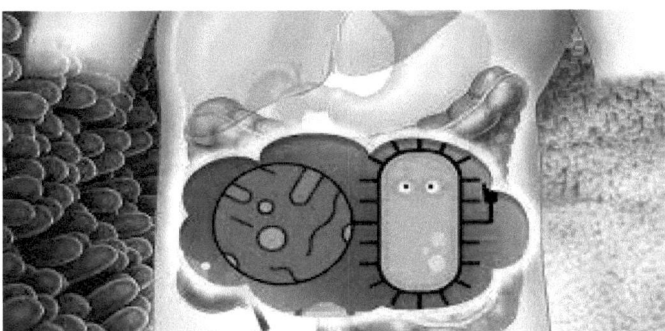

♦ Antimikrobielle Aktivität von Shilajit:

- Antibakterielle Aktivität von Shilajit
- Antivirale Aktivität von Shilajit
- Anti-Pilz-Aktivität durch Shilajit
- Anti-Krebs-Aktivität von Shilajit

• Antibakterielle Aktivität durch Shilajit:

Die Forschung legt nahe, dass Shilajit antibakterielle Wirkungen gegen verschiedene Bakterienstämme haben kann. Die antibakteriellen Eigenschaften von Shilajit werden auf seine komplexe Zusammensetzung zurückgeführt, die Fulvosäure, Huminsäure und andere bioaktive Verbindungen enthält. Hier sind einige wichtige Punkte bezüglich der antibakteriellen Wirkung von Shilajit:

o Fulvinsäure:

Die Fulvosäure, ein Hauptbestandteil von Shilajit, wurde auf ihre antibakteriellen Eigenschaften hin untersucht. Es wird angenommen, dass sie die bakteriellen Zellmembranen stört und das Wachstum und die Vermehrung bestimmter Bakterien hemmt.

o Huminsäure:

Huminsäure, ein weiterer Bestandteil von Shilajit, hat in Forschungsstudien ebenfalls eine antibakterielle Wirkung gezeigt. Sie kann in die bakteriellen Zellfunktionen eingreifen und zur allgemeinen antibakteriellen Wirkung von Shilajit beitragen.

o Metall-Ionen:

Shilajit enthält verschiedene Mineralien, und einige dieser Mineralien könnten eine Rolle bei seiner antibakteriellen Wirkung spielen. Metallionen wie Kupfer und Zink, die in Shilajit enthalten sind, haben bekannte antibakterielle Eigenschaften und können das Bakterienwachstum beeinflussen.

o Breitspektrum-Aktivität:

Studien haben gezeigt, dass Shilajit eine antibakterielle Aktivität gegen eine Reihe von Bakterien aufweist, darunter sowohl grampositive als auch gramnegative Stämme. Dieses breite Wirkungsspektrum ist vielversprechend für potenzielle therapeutische Anwendungen.

o Synergistische Effekte:

Die Kombination verschiedener bioaktiver Verbindungen in Shilajit kann zu synergistischen Effekten führen, die seine antibakterielle Gesamtaktivität verstärken.

Es ist wichtig anzumerken, dass die Forschung zwar auf antibakterielle Eigenschaften hindeutet, dass aber die spezifischen Mechanismen, durch die Shilajit gegen Bakterien wirkt, und das volle Ausmaß seiner Wirksamkeit noch immer Gegenstand von Untersuchungen sind. Außerdem können die Konzentration und der Reinheitsgrad von

Shilajit sowie die spezifischen Bakterienstämme, die getestet wurden, die Ergebnisse von Studien beeinflussen.

Wie bei jedem natürlichen Heilmittel ist es wichtig, bei der Verwendung von Shilajit vorsichtig zu sein. Wenn Sie Shilajit für antibakterielle Zwecke in Erwägung ziehen, ist es ratsam, sich mit medizinischem Fachpersonal zu beraten, insbesondere bei Personen mit bestimmten Gesundheitszuständen oder bei Personen, die Medikamente einnehmen. Weitere Forschungen, einschließlich klinischer Studien, sind erforderlich, um das antibakterielle Potenzial von Shilajit und seine Anwendung in verschiedenen Zusammenhängen besser zu verstehen.

- **Antivirale Aktivität von Shilajit:**

Die Forschung über die antivirale Aktivität von Shilajit ist begrenzt, und obwohl es einige Hinweise auf potenzielle antivirale Eigenschaften gibt, sind weitere Studien erforderlich, um die Wirksamkeit und die Wirkungsmechanismen gegen bestimmte Viren zu ermitteln. Die komplexe Zusammensetzung von Shilajit, die Fulvosäure, Huminsäure, Mineralien und andere bioaktive Verbindungen enthält, hat die Forscher veranlasst, sein antivirales Potenzial zu untersuchen. Hier sind einige wichtige Punkte zu Shilajit und seiner potenziellen antiviralen Aktivität:

  o **Fulvinsäure:**

Die Fulvinsäure, ein Hauptbestandteil von Shilajit, ist auf ihre antiviralen Eigenschaften hin untersucht worden. Fulvosäure kann den Replikationszyklus von Viren stören und ihre Fähigkeit, Wirtszellen zu infizieren, hemmen.

  o **Modulation des Immunsystems:**

Einige Studien deuten darauf hin, dass Shilajit immunmodulierende Wirkungen haben könnte. Ein gut funktionierendes Immunsystem ist entscheidend für die Bekämpfung von Virusinfektionen. Der mögliche Einfluss von Shilajit auf das Immunsystem könnte zur antiviralen Aktivität beitragen.

  o **Antioxidative Wirkungen:**

Die antioxidativen Eigenschaften von Shilajit könnten eine Rolle beim Schutz der Zellen vor oxidativem Stress spielen, der durch Virusinfektionen ausgelöst wird. Oxidativer Stress wird häufig mit der viralen Replikation und Pathogenese in Verbindung gebracht.

  o **Metall-Ionen:**

Der Mineralgehalt von Shilajit, einschließlich Kupfer und Zink, kann zu seiner antiviralen Wirkung beitragen. Bestimmte Metall-Ionen haben bekannte antivirale Eigenschaften.

  o **Synergistische Effekte:**

Die Kombination verschiedener bioaktiver Verbindungen in Shilajit kann zu synergistischen Effekten führen, die seine antivirale Aktivität verstärken könnten.

Es ist wichtig zu betonen, dass die verfügbaren Forschungsergebnisse vorläufig sind und dass die spezifischen antiviralen Wirkungen von Shilajit gegen bestimmte Viren weiter untersucht werden müssen. Außerdem kann die antivirale Aktivität von Shilajit je nach Quelle und Qualität variieren.

Obwohl Shilajit vielversprechend ist, sollte es nicht als Ersatz für etablierte antivirale Medikamente oder Impfstoffe angesehen werden. Wenn Sie sich Sorgen über Virusinfektionen machen oder nach antiviralen Maßnahmen suchen, ist es ratsam, sich an medizinisches Fachpersonal zu wenden, das Ihnen evidenzbasierte Ratschläge und Empfehlungen geben kann, die auf Ihre spezifischen gesundheitlichen Bedürfnisse zugeschnitten sind.

- **Anti-Pilz-Aktivität durch Shilajit:**

Shilajit wurde auf seine potenzielle antimykotische Wirkung hin untersucht, und einige Studien deuten darauf hin, dass es eine hemmende Wirkung auf verschiedene Pilze haben könnte. Die komplexe Zusammensetzung von Shilajit, einschließlich Fulvosäure, Huminsäure und anderer bioaktiver Verbindungen, trägt zu seinen antimikrobiellen Eigenschaften, einschließlich der antimykotischen Aktivität, bei. Hier sind einige wichtige Punkte bezüglich des antimykotischen Potenzials von Shilajit:

- o **Fulvinsäure:**

Die Fulvinsäure, ein Hauptbestandteil von Shilajit, wurde auf ihre antimykotischen Eigenschaften untersucht. Sie kann die Struktur und Funktion von Pilzzellmembranen stören und so das Wachstum und Überleben bestimmter Pilze hemmen.

- o **Huminsäure:**

Hussäure, ein weiterer Bestandteil von Shilajit, wurde auf seine pilzhemmende Wirkung hin untersucht. Sie kann in die Stoffwechselprozesse von Pilzen eingreifen, was zu hemmenden Wirkungen führt.

- o **Metall-Ionen:**

Shilajit enthält verschiedene Mineralien, und einige dieser Mineralien können zu seiner pilzhemmenden Wirkung beitragen. Metallionen, wie Kupfer und Zink, sind für ihre antimykotischen Eigenschaften bekannt und können das Pilzwachstum stören.

- o **Synergistische Effekte:**

Die Kombination verschiedener bioaktiver Verbindungen in Shilajit kann zu synergistischen Effekten führen, die seine antimykotische Wirkung insgesamt verstärken. In Studien wurde die Wirksamkeit von Shilajit gegen verschiedene Pilzstämme untersucht, darunter auch solche, die für häufige Infektionen verantwortlich sind. Die spezifischen Mechanismen, durch die Shilajit seine antimykotische Wirkung entfaltet, sind jedoch noch nicht vollständig geklärt, und es sind weitere Forschungen erforderlich, um seine Wirksamkeit gegen verschiedene Pilze zu bestimmen.

Es ist wichtig zu beachten, dass Shilajit zwar ein vielversprechendes natürliches Mittel gegen Pilzbefall ist, seine Verwendung zu diesem Zweck jedoch mit Vorsicht genossen werden sollte. Wenn Sie mit einer Pilzinfektion oder anderen gesundheitlichen Problemen zu tun haben, ist es ratsam, sich für eine angemessene Diagnose und Behandlung an medizinisches Fachpersonal zu wenden. Außerdem sollte die Qualität und Echtheit des Shilajit-Produkts geprüft werden, um seine Wirksamkeit und Sicherheit zu gewährleisten.

Grampositive Bakterien
<ul><li>S. aureus</li><li>S. saprophyticus</li><li>S. pneumoniae</li><li>B. Substilis</li></ul>
Gramnegative Bakterien
<ul><li>Salmonellen Para typhi</li><li>Shigella dysenterae</li><li>E. coli</li><li>Klebsiella</li><li>Acinetobacter</li><li>Citrobacter</li><li>Salmonella typhi</li><li>Klebsiella oxytoca</li><li>Fluoreszenz</li></ul>
Hefe
<ul><li>Candida albicans</li></ul>

- ## Anti-Krebs-Aktivität von Shilajit:

Die Forschung über die potenzielle krebshemmende Wirkung von Shilajit ist ein Bereich, in dem derzeit Untersuchungen durchgeführt werden, und es besteht ein wachsendes Interesse daran, die Auswirkungen von Shilajit auf Krebszellen zu verstehen. Es ist jedoch wichtig zu wissen, dass einige Studien zwar gewisse krebshemmende Eigenschaften vermuten lassen, dass jedoch umfassendere Forschungen, einschließlich klinischer Studien, erforderlich sind, um die Wirksamkeit und Sicherheit von Shilajit bei der Behandlung von Krebs festzustellen. Hier sind einige wichtige Punkte im Zusammenhang mit der potenziellen Anti-Krebs-Wirkung von Shilajit:

- ### Antioxidative Wirkungen:

Shilajit ist reich an Antioxidantien, darunter Fulvinsäure, die zur Bekämpfung von oxidativem Stress beitragen kann. Oxidativer Stress wird mit der Entstehung und dem Fortschreiten von Krebs in Verbindung gebracht, und es wird angenommen, dass Antioxidantien die Zellen vor diesem Stress schützen.

- ### Entzündungshemmende Eigenschaften:

Entzündungen werden mit der Entstehung von Krebs in Verbindung gebracht, und Shilajit wurde auf seine potenziell entzündungshemmende Wirkung hin untersucht. Durch die Modulation von Entzündungsreaktionen kann Shilajit zur Krebsprävention oder -behandlung beitragen.

o **Modulation des Immunsystems:**

Einige Studien deuten darauf hin, dass Shilajit immunmodulierende Wirkungen haben könnte. Ein gut funktionierendes Immunsystem ist entscheidend für die Erkennung und Beseitigung abnormaler Zellen, einschließlich Krebszellen.

o **Apoptose-Induktion:**

Die Apoptose, der programmierte Zelltod, ist ein natürlicher Prozess, der geschädigte oder anormale Zellen eliminiert. Einige Forschungsarbeiten haben untersucht, ob Shilajit die Apoptose in Krebszellen auslösen und so zu deren Beseitigung beitragen kann.

o **Hemmung der Zellproliferation:**

Shilajit wurde auf seine Fähigkeit hin untersucht, die Vermehrung von Krebszellen zu hemmen und deren unkontrolliertes Wachstum und Teilung zu verhindern.

o **Metallionengehalt:**

Shilajit enthält verschiedene Mineralien, und einige Studien deuten darauf hin, dass bestimmte Metallionen eine Rolle bei seiner krebshemmenden Wirkung spielen könnten.

Es ist wichtig zu betonen, dass vorläufige Studien zwar vielversprechend sind, dass aber strengere Untersuchungen, insbesondere klinische Studien am Menschen, erforderlich sind, um das krebshemmende Potenzial von Shilajit zu bestätigen und seine spezifischen Wirkmechanismen zu bestimmen. Außerdem kann die Reaktion auf Shilajit individuell unterschiedlich ausfallen, und es sollte nicht als Ersatz für konventionelle Krebsbehandlungen verwendet werden.

Wenn Sie oder jemand, den Sie kennen, an Krebs erkrankt sind, sollten Sie unbedingt Onkologen und medizinisches Fachpersonal konsultieren, um evidenzbasierte Behandlungsmöglichkeiten und individuelle Beratung zu erhalten. Jegliche Verwendung von Shilajit als ergänzende oder alternative Therapie sollte unter der Anleitung von Gesundheitsdienstleistern erfolgen.

Zukunftsperspektiven von Shilajit

◆ Zukunftsperspektiven von Shilajit:

Die Zukunftsperspektiven von Shilajit liegen in der weiteren Erforschung seiner potenziellen gesundheitlichen Vorteile, in der laufenden wissenschaftlichen Forschung und in seiner Integration in die allgemeine Gesundheitspraxis.

Hier sind einige mögliche Zukunftsperspektiven für Shilajit:

• Klinische Forschung und Studien:

Fortgesetzte und erweiterte klinische Forschung und Studien sind unerlässlich, um die spezifischen Gesundheitseffekte und Wirkmechanismen von Shilajit besser zu verstehen. Gut konzipierte Studien, einschließlich randomisierter kontrollierter Studien, können schlüssigere Beweise für die Wirksamkeit von Shilajit bei verschiedenen Gesundheitszuständen liefern.

• Identifizierung der Wirkstoffe:

Die Forschung zur Identifizierung und Isolierung der spezifischen bioaktiven Verbindungen, die für die Wirkungen von Shilajit verantwortlich sind, kann zur Entwicklung von gezielten Therapien und Formulierungen beitragen.

• Standardisierung und Qualitätskontrolle:

Die Einführung standardisierter Methoden für die Extraktion, Verarbeitung und Qualitätskontrolle von Shilajit-Produkten ist von entscheidender Bedeutung. Dies gewährleistet eine gleichbleibende Produktqualität und ermöglicht zuverlässige Vergleiche zwischen verschiedenen Studien.

• Integration in die Schulmedizin:

Abhängig von den Ergebnissen der rigorosen Forschung besteht die Möglichkeit, Shilajit in die allgemeine medizinische Praxis zu integrieren, entweder als eigenständiges therapeutisches Mittel oder als ergänzende Maßnahme bei bestimmten Gesundheitszuständen.

• Nutrazeutika und funktionelle Lebensmittel:

Shilajit könnte seinen Weg in die Entwicklung von Nutrazeutika und funktionellen Lebensmitteln finden. Mit Shilajit angereicherte Produkte könnten so konzipiert werden, dass sie gezielte gesundheitliche Vorteile bieten.

• Pharmazeutische Anwendungen:

Wenn spezifische bioaktive Verbindungen in Shilajit identifiziert und validiert werden, können sie als Grundlage für die Entwicklung von Arzneimitteln dienen, die auf bestimmte Gesundheitszustände abzielen.

• Sensibilisierung und Aufklärung der Verbraucher:

Die Sensibilisierung und Aufklärung der Verbraucher über die potenziellen Vorteile und die angemessene Verwendung von Shilajit sind von wesentlicher Bedeutung. Dazu gehört auch die Bereitstellung von Informationen über Herkunft, Qualität und Sicherheitsaspekte.

- **Globale Marktexpansion:**

In dem Maße, wie das wissenschaftliche Verständnis wächst, könnte sich der globale Markt für Produkte auf Shilajit-Basis ausweiten und ein breiteres Publikum erreichen, das natürliche und traditionelle Heilmittel sucht.

- **Nahrungsergänzungsmittel:**

Shilajit könnte ein wichtiger Bestandteil bei der Entwicklung von Nahrungsergänzungsmitteln werden, die einen ganzheitlichen Gesundheitsnutzen bieten. Die Formulierungen können auf spezifische Gesundheitsprobleme ausgerichtet sein, wobei Shilajit eine zentrale Rolle spielt

- **Regulatorische Rahmenbedingungen:**

Die Entwicklung klarer rechtlicher Rahmenbedingungen und Normen für Shilajit-Produkte kann die Sicherheit der Verbraucher gewährleisten und eine verantwortungsvolle Vermarktung und den Vertrieb erleichtern.

- **Zusammenarbeit mit Systemen der traditionellen Medizin:**

Die Zusammenarbeit zwischen traditionellen Medizinsystemen wie Ayurveda und modernen Gesundheitspraktiken kann zu einem umfassenderen Verständnis des traditionellen Gebrauchs von Shilajit und seiner potenziellen therapeutischen Anwendungen beitragen.

Shilajit wird zwar schon seit langem traditionell verwendet, seine Zukunftsaussichten hängen jedoch von einer soliden wissenschaftlichen Validierung, regulatorischen Überlegungen und verantwortungsvollen Marktpraktiken ab. Kontinuierliche Forschung und die Zusammenarbeit zwischen traditionellem Wissen und moderner Wissenschaft werden der Schlüssel sein, um das volle Potenzial von Shilajit zu erschließen.

Referenzen

- Wilson, Eugene; Rajamanickam, G. Victor; Dubey, G. Prasad; Klose, Petra; Musial, Frauke; Saha, F. Joyonto; Rampp, Thomas; Michalsen, Andreas; Dobos, Gustav J. (2011-06-14). "Review on shilajit used in traditional Indian medicine". Journal of Ethnopharmacology. **136** (1): 1–9. doi:10.1016/j.jep.2011.04.033. ISSN 1872-7573. PMID 21530631.
- Springen Sie hoch zu: ᵃ ᵇ "MUMIYO - Große russische Enzyklopädie - elektronische Version". bigenc.ru. Abgerufen am 2022-08-01.
- ^ Hill, Carol A.; Forti, Paolo (1997). Cave Minerals of the World. Nationale Gesellschaft für Höhlenforschung. ISBN 978-1-879961-07-4. [Seite benötigt]
- ^ Rahmani Barouji, Solmaz; Saber, Amir; Torbati, Mohammadali; Fazljou, Seyyed Mohammad Bagher; Yari Khosroushahi, Ahmad (2020). "Gesundheitsfördernde Wirkungen von Moomiaii in der traditionellen Medizin". Galen Medical Journal. 9: e1743. doi:10.31661/gmj.v9i0.1743. ISSN 2322-2379. PMC 8343599. PMID 34466583.
- ^ Winston, David; Maimes, Steven (2007-03-22). "Teil 2: Materia medica. 7. Monographien über Adaptogene. Shilajit". Adaptogene: Kräuter für Stärke, Ausdauer und Stressabbau. Innere Traditionen / Bär & Co. S. 129. ISBN 978-1-59477-158-3.
- ^ Kloskowski, T.; Szeliski, K.; Krzeszowiak, K.; Fekner, Z.; Kazimierski, Ł.; Jundziłł, A.; Drewa, T.; Pokrywczyńska, M. (2021-11-19). "Mumio (Shilajit) als potenzielles Chemotherapeutikum für die Behandlung von Harnblasenkrebs". Scientific Reports. **11** (1): 22614. Bibcode:2021NatSR..1122614K. doi:10.1038/s41598-021-01996-8. ISSN 2045-2322. PMC 8604984. PMID 34799663.
- Govindarajan R, Vijayakumar M, Pushpangadan P.J Ethnopharmacol. 2005 Jun 3;99(2):165-78. doi: 10.1016/j.jep.2005.02.035. Epub 2005 Apr 26.PMID: 15894123
- Cornejo A, Jiménez JM, Caballero L, Melo F, Maccioni RB. Fulvosäure hemmt die Aggregation und fördert den Abbau von Tau-Fibrillen im Zusammenhang mit der Alzheimer-Krankheit. *Journal of Alzheimer's Disease*. 2011;27(1):143-153.
- Ghosal S. Chemistry of *shilajit*, an immunomodulatory Ayurvedic rasayan. *Reine und angewandte Chemie*. 1990;62(7):1285–1288.
- N. Chopra R, C. Chopra I, L. Handa K, D. Kapoor K. *In Indigenous Drugs of India*. Kalkutta, Indien: U.N. Dhar & Sons; 1958.
- Agarwal SP, Khanna R, Karmarkar R, Anwer MK, Khar RK. *Shilajit*: eine Übersicht. *Phytotherapie Forschung*. 2007;21(5):401-405.
- Ghosal S, Reddy JP, Lal VK. *Shilajit* I: chemische Inhaltsstoffe. *Zeitschrift für pharmazeutische Wissenschaften*. 1976;65(5):772-773.
- Khanna R, Witt M, Khalid Anwer M, Agarwal SP, Koch BP. Spektroskopische Charakterisierung von Fulvosäuren, die aus dem Gesteinsexudat *Shilajit* extrahiert wurden. *Organische Geochemie*. 2008;39(12):1719–1724.

- Mittal P, Kaushik D, Gupta V, Bansal P, Khokra S. Therapeutic potencial of "Shilajit Rasayana"-A Review. *Internationale Zeitschrift für pharmazeutische und klinische Forschung.* 2009;1(2):47-49.
- M. S. Islam K, Schumacher A, M. Gropp J. Huminsäure-Substanzen in der Tierhaltung. *Pakistan Journal of Nutrition.* 2005;4:126-134.
- Vucskits AV, Hullár I, Bersényi A, Andrásofszky E, Kulcsár M, Szabó J. Effect of fulvic and humic acids on performance, immune response and thyroid function in rats. *Zeitschrift für Tierphysiologie und Tierernährung.* 2010;94(6):721-728.
- Schepetkin IA, Xie G, Jutila MA, Quinn MT. Komplement-fixierende Aktivität von Fulvosäure aus *Shilajit* und anderen natürlichen Quellen. *Phytotherapie Forschung.* 2009;23(3):373-384.1
- Kong YC, But PPH, Ng KH, et al. Chemical studies on a Nepalese Panacea - *Silajit* (I) *International Journal of Crude Drug Research.* 1987;25(3):179-182.
- Ghosal S, Lal J, Singh SK, Goel RK, Jaiwal AK, Bhattacharya SK. Die Notwendigkeit der Formulierung von *Shilajit* durch seine isolierten aktiven Bestandteile. *Phytotherapie Forschung.* 1991;5(5):211-216.
- Ghosal S, Mukherjee B, K. Bhattacharya S. *Shilajit-eine* vergleichende Studie der alten und modernen wissenschaftlichen Erkenntnisse. *Indische Zeitschrift für indigene Medizin.* 1995;17:1-10.
- Ghosal S, Singh SK, Kumar Y, et al. *Shilajit.* 3. Antiulcerogenic von Fulvosäuren und 4-Methoxy-6-Carbomethoxybiphenyl isoliert aus Shilaji. *Phytotherapie Forschung.* 1988;2(4):187-191.
- Ghosal S, Lata S, Kumar Y, Gaur B, Misra N. Interaction of *shilajit* with biogenic free radicals. *Indian Journal of Chemistry B.* 1995;34:596-602.
- Bhattacharya SK, Sen AP. Auswirkungen von *Shilajit* auf biogene freie Radikale. *Phytotherapie Forschung.* 1995;9(1):56-59 .
- K. Jaiswal A, K. Bhattacharya S. Effects of *shilajit* on memory, anxiety and brain monoamines in rats. *Indische Zeitschrift für Pharmakologie.* 1992;24:12-17.
- Bhattacharya SK. *Shilajit* mildert Streptozotocin-induzierten Diabetes mellitus und die Abnahme der Superoxiddismutase-Aktivität der Pankreasinseln bei Ratten. *Phytotherapie Forschung.* 1995;9(1):41-44.
- Wang C, Wang Z, Peng A, Hou J, Xin W. Interaction between fulvic acids of different origins and active oxygen radicals. *Wissenschaft in China, Serie C.* 1996;39(3):267-275.
- Ghosal S, Lal J, Singh SK, et al. Mastzellschützende Wirkung von *Shilajit* und seinen Bestandteilen. *Phytotherapie Forschung.* 1989;3(6):249-252.
- Acharya SB, Frotan MH, Goel RK, Tripathi SK, Das PK. Pharmakologische Wirkungen von *Shilajit. Indische Zeitschrift für experimentelle Biologie.* 1988;26(10):775-777.
- Shalini, Srivastava R. Antimykotisches Aktivitätsscreening und hplc-Analyse von Rohextrakten aus Tectona grandis, *Shilajit* und Valeriana wallachi. *Electronic Journal of Environmental, Agricultural and Food Chemistry.* 2009;8(4):218-229.
- Mirza MA, Agarwal SP, Rahman MA, et al. Role of humic acid on oral drug delivery of an antiepileptic drug. *Drug Development and Industrial Pharmacy.* 2011;37(3):310-319.
- Meena H, K. Pandey H, C. Arya M, Ahmed Z. *Shilajit*: a panacea for high-altitude problems. *International Journal of Ayurveda Research.* 2010;1(1):37-40.

- Wilson E, Rajamanickam GV, Dubey GP, et al. Review on *shilajit* used in traditional Indian medicine. *Journal of Ethnopharmacology.* 2011;136(1):1-9.
- Pandit S, Biswas S, Jana U, De RK, Mukhopadhyay SC, Biswas TK. Klinische Bewertung von gereinigtem Shilajit auf den Testosteronspiegel bei gesunden Freiwilligen. Andrologia [Internet]. 2016 Jun 1 [cited 2022 Mar 23];48(5):570-5. Verfügbar unter: https://pubmed.ncbi.nlm.nih.gov/26395129/
- 2. Carrasco-Gallardo C, GuzmÃ¡n L, MacCioni RB. Shilajit: Ein natürlicher Phytokomplex mit potentieller prokognitiver Aktivität. International Journal of Alzheimer's Disease [Internet]. 2012 [cited 2022 Mar 23];2012. Verfügbar unter: https://pubmed.ncbi.nlm.nih.gov/22482077/

- 3. Meena H, Pandey HK, Arya MC, Ahmed Z. Shilajit: Ein Allheilmittel für Probleme in großer Höhe. International Journal of Ayurveda Research [Internet]. 2010 [zitiert 2022 Mar 23];1(1):37. Verfügbar unter: https://pubmed.ncbi.nlm.nih.gov/20532096/

- 4. Shilajit bei der Behandlung von Eisenmangelanämie [Internet]. [zitiert am 23. März 2022]. Verfügbar unter: https://www.researchgate.net/publication/288266508_Shilajit_in_management_ of_iron_deficiency_anaemia

- 5. Keller JL, Housh TJ, Hill EC, Smith CM, Schmidt RJ, Johnson GO. Die Auswirkungen einer Shilajit-Supplementierung auf die durch Ermüdung hervorgerufene Abnahme der Muskelkraft und des Hydroxyprolinspiegels im Serum. Journal of the International Society of Sports Nutrition [Internet]. 2019 Feb 6 [cited 2022 Mar 23];16(1). Verfügbar unter: https://pubmed.ncbi.nlm.nih.gov/30728074/

- 6. Joukar S, Najafipour H, Dabiri S, Sheibani M, Sharokhi N. Cardioprotective Effect of Mumie (Shilajit) on Experimentally Induced Myocardial Injury. Cardiovascular Toxicology 2014 14:3 [Internet]. 2014 Jan 22 [cited 2022 Mar 23];14(3):214-21.

- 7. Ghasemkhani N, Tabrizi AS, Namazi F, Nazifi S. Treatment effects of Shilajit on aspirin "induced gastric lesions in rats. Physiologische Berichte [Internet]. 2021 Apr 1 [zitiert 2022 Mar 23];9(7). Verfügbar unter: https://pubmed.ncbi.nlm.nih.gov/33818003/

- 8. Shilajit eine einzigartige Droge des Ayurveda [Internet]. [zitiert 2022 Mar 23]. Verfügbar unter: https://www.researchgate.net/publication/276831443_SHILAJIT_AN_UNIQUE _DRUG_OF_AYURVEDA

- Ghosal S. Abgabesystem für pharmazeutische, nahrhafte und kosmetische Wirkstoffe. US-Patent Nr. 6558712, 2003.
- 30. B. Maccioni R, Quiñones L, Saavedra I, Sandoval R. Nutrazeutische Zusammensetzung, die *Shilajit-Extrakt*, Folsäure, Vitamin B12 und Vitamin B6 enthält, und ihre Verwendung zur Vorbeugung und/oder Behandlung von neurodegenerativen Erkrankungen und/oder der mit der Gehirnalterung verbundenen kognitiven Verschlechterung. WO 2011/041920. PCT/CL2010/000043 April, 14. 2011.
- 31. Saper RB, Phillips RS, Sehgal A, et al. Blei, Quecksilber und Arsen in in den USA und Indien hergestellten ayurvedischen Arzneimitteln, die über das Internet verkauft werden. *Journal of the American Medical Association.* 2008;300(8):915-923.
- 32. Kales SN, Saper RB. Ayurvedische Bleivergiftung: ein unerkanntes, internationales Problem. *Indian Journal of Medical Sciences.* 2009;63(9):379-381.
- 33. Singh S, Mukherjee KK, Gill KD, Flora SJS. Blei-induzierte periphere Neuropathie nach ayurvedischer Medikation. *Indian Journal of Medical Sciences.* 2009;63(9):408-410.

- Kamboj, V. P. (2000). Kräutermedizin. *Aktuelle Wissenschaft, 78*, 35-39.

- Agarwal, S. P., Khanna, R., Karmarkar, R., AnwerMd, Kh, & KharR, K. (2007). Shilajit: A review. *Phytotherapy Research, 21*, 401-405.

- Wilson, E., Rajamanickam, G. V., Dubey, G. P., Klose, P., Musial, F., SahaF, J., et al. (2011). Review on shilajit used in traditional Indian medicine. *Journal of Ethnopharmacology, 136*, 1-9.

- Schepetkin, I., Khlebnikov, A., & Kwon, B. S. (2002). Medizinische Wirkstoffe aus Humusmaterial: Focus on mumie. *Drug Development Research, 57*, 140-159.

- Srivastava, R. S., Kumar, Y., Singh, S. K., & Ghosal, S. (1988). Shilajit, seine Quelle und aktiven Prinzipien. In *Proceedings of the 16th IUPAC (Chemistry of natural products).* Kyoto Japan, S. 524.

- Surapaneni, D. K., Adapa, S. R., Preeti, K., Teja, G. R., Veeraragavan, M., & Krishnamurthy, S. (2012). Shilajit mildert Verhaltenssymptome des chronischen Müdigkeitssyndroms durch Modulation der Hypothalamus-Hypophysen-Nebennieren-Achse und der mitochondrialen Bioenergetik bei Ratten. *Zeitschrift für Ethnopharmakologie, 143*, 91-99.

- Garedew, A., Feist, M., Schmolz, E., & Lamprecht, I. (2004). Thermische Analyse von Mumiyo, dem legendären Volksheilmittel aus der Himalaya-Region. *Thermochimica Acta,417*(2), 301-309.

- Saqib, M., Kausar, S., & Akhtar, S. (2012). *Wirkung von Shilajit auf das Lipidprofil von hyperlipidämischen Albinoratten und Vergleich mit Simvastatin.* http://pjmhsonline.com/AprJune2012. Accessed June 12, 2013.

- Trivedi, N. A., Mazumdar, B., Bhatt, J. D., & Hemavathi, K. G. (2004). Wirkung von Shilajit auf den Blutzuckerspiegel und das Lipidprofil bei Alloxan-induzierten diabetischen Ratten. *Indische Zeitschrift für Pharmakologie, 36,* 373-376.

- Gaikwad, N. S., Panat, A. V., Deshpande, M. S., Ramya, K., Khalid, P. U., & Augustine, P. (2012). Wirkung von Shilajit auf das Herz von Daphnien: A preliminary study. *Journal of Ayurveda and Integrative Medicine, 3*(1), 3-5.

- Frolova, L. N., Kiseleva, T. L., Kolkhir, V. K., Baginskaya, A. I., & Trumpe, T. E. (1998). Antitoxische Eigenschaften von Standard-Trockenextrakt aus Mumijo. *Zeitschrift für pharmazeutische Chemie, 32*(4), 26-28.

- Velmurugan, C., Vivek, B., Wilson, E., Bharathi, T., & Sundaram, T. (2012). Bewertung des Sicherheitsprofils von schwarzem Shilajit nach 91 Tagen wiederholter Verabreichung an Ratten. *Asian Pacific Journal of Tropical Biomedicine, 2*(3), 210-214.

- Vivek, B., Wilson, E., Nithya Devi, S. V., Velmurugan, C., & Kannan, M. (2011). Kardioprotektive Aktivität von Shilajit bei Isoproterenol-induziertem Myokardinfarkt bei Ratten: Eine biochemische und histopathologische Bewertung. *International Journal Research Photochemistry Pharmacology, 1*(1), 28-32.

- Rajadurai, M., & Stanely, M. P. (2007). Präventive Wirkung von Naringin auf kardiale Marker, elektrokardiographische Muster und lysosomale Hydrolasen bei normalem und Isoproterenol-induziertem Myokardinfarkt in Wistar-Ratten. *Toxikologie, 230,* 178-188.

- Joukar, S., Bashiri, H., Dabiri, S., Ghotbi, P., Sarveazad, A., Divsalar, K., et al. (2012). Kardiovaskuläre Wirkungen von schwarzem Tee und Nikotin allein oder in Kombination gegen experimentell induzierte Herzverletzungen. *Journal of Physiology and Biochemistry, 68*(2), 271-279.

- Joukar, S., Ghasemipour-Afshar, E., Sheibani, M., Naghsh, N., & Bashiri, A. (2013). Schützende Wirkungen von Safran (*Crocus sativus*) gegen tödliche ventrikuläre Arrhythmien, die durch Herz-Reperfusion bei Ratten ausgelöst werden: A potential anti-arrhythmic agent. *Pharmazeutische Biologie, 51*(7), 836-843.

- Joukar, S., Najafipour, H., Mirzaeipour, F., Nasri, H., Ahmadi, M. Y. H., & Badinloo, M. (2013). Modulierende Wirkung von Semelil (Angipars™) auf Isoproterenol-induzierte Herzschäden. *Experimental and Clinical Sciences Journal, 12,* 122-129.

51

- Lowry, O. H., Rosebrough, N. J., Farr, A. L., & Randall, R. J. (1951). Proteinschätzung mit dem Folin-Phenol-Reagenz. *The Journal of biological chemistry, 193*, 265-275.

- Ohkawa, H., Ohishi, N., & Yagi, K. (1979). Assay of lipid peroxidation in animal tissues by thiobarbituric acid reaction. *Analytische Biochemie, 95*, 351-358.

- Joukar, S., Shahouzehi, B., Najafipour, H., Gholamhoseinian, A., & Joukar, F. (2012). Verbesserte Wirkung von schwarzem Tee auf die nikotininduzierte kardiovaskuläre Pathogenese bei Ratten. *Experimental and Clinical Sciences Journal, 11*, 309-317.

- O'Brien, P. J., Landt, Y., & Ladenson, J. H. (1997). Unterschiedliche Reaktivität von Herz- und Skelettmuskeln verschiedener Spezies in einem kardialen Troponin I-Immunoassay. *Klinische Chemie, 43*(12), 2333-2338.

- York, M., Scudamore, C., Brady, S., Chen, C., Wilson, S., Curtis, M., et al. (2007). Charakterisierung der Troponin-Reaktionen bei Isoproterenol-induzierter Herzschädigung in der Hannoveraner Wistar-Ratte. *Toxikologische Pathologie, 35*, 606-617.

- Rona, G., Chappel, C. I., Balazs, T., & Gaudry, R. (1959). Eine infarktähnliche Myokardläsion und andere toxische Erscheinungen durch Isoproterenol bei der Ratte. *Archives of Pathology and Laboratory Medicine, 67*, 443-455.

- Joukar, S., Sheibani, M., & Joukar, F. (2012). Kardiovaskuläre Wirkung von Nifedipin bei morphinabhängigen Ratten: Hämodynamische, histopathologische und biochemische Nachweise. *Croatian Medical Journal, 53*(4), 343-349.

- Joukar, S., Najafipour, H., Dabiri, S., Sheibani, V., Esmaeili-Mahani, S., Ghotbi, P., et al. (2011). Die Wirkung der chronischen gleichzeitigen Verabreichung von Morphin und Verapamil auf Isoproterenol-induzierte Herzschäden. *Cardiovascular and Hematological Agents in Medicinal Chemistry, 9*, 218-224.

- Guyton, A. C., & Hall, J. E. (2011). *Lehrbuch der medizinischen Physiologie* (12. Aufl., S. 247). Pennsylvania: Saunders.

- Dash, B. (1991). *Materia medica of ayurveda*. Neu Delhi: B Jain Publishers.

- Acharya SB, Fortan MH, Goel RK, Tripathi SK und Das PK. (1988). Pharmakologische Wirkungen von Shilajit. Indian Journal of Experimental Biology, 26: 775- 777.
- Agarwal SP, Khanna R, Karmarkar, Anwer MK, Khar RK. (2007). Shilajit: A Review. Phytother Res., 21(5):401-405.
- Alberto Cornejo, José M. Jiménez, Leonardo Caballero, Francisco Melo, Ricardo B. Maccioni (2011) Fulvic Acid Inhibits Aggregation and Promotes Disassembly of Tau Fibrils Associated with Alzheimer's Disease Journal of Alzheimer's Disease 27:143-153. DOI 10.3233/JAD-2011- 110623.
- Betoni, JEC, Mantovani RPP, Barbosa LN, Di Stasi LC, Fernandes Junior A. (2006). Synergismus zwischen Pflanzenextrakt und antimikrobiellen Medikamenten, die bei

Staphylococcus aureus-Erkrankungen eingesetzt werden. Mem. Inst. Oswaldo Cruz, 101: 387-390.

- Chopra, RN, Chopra I C, Handa K L & Kapur L D. (1958). Chopra's Indigenous Drug of India. 2nd ED. B.K. Dhur von Academic Publishers, Kalkutta Indien.
- Mittal P. Kaushik D. Gupta V. Bansal P, Khokra S. (2009). Therapeutic Potential of "Shilajit Rasayana" A Review, International Journal of Pharmaceutical and Clinical Research; 1(2): 47-49.
- Mukherjee, Biswapati. (1992). Traditionelle Medizin, Tagungsband eines internationalen Seminars. pp. 398-
- 319. Hotel Taj Bengal, Kalkutta Indien. Oxford & IBH Publishing, Neu-Delhi.
- Paul P. (1997). Unearthing the evidence. Chemie in Großbritannien, S.32-34.
- Ghosal S. (1990). Chemistry of shilajit, an immunomodulatory Ayurvedic rasayan:, Pur and Applied Chemistry, 62(7):1285-1288.
- Sharma RK, Dash B, Sambita TC. (2000). Chowkhamba Sanskrit Series Office, Varanasi-1,. Vol III Chap 1:3 pg 50-54.Varanasi, Indien.
- Srivastava SR. (2009). Screening der antimykotischen Aktivität und HPLC-Analyse von Rohextrakten aus Tectona grandis, Shilajit und Valeriana wallachi, Electrical Journal of Environment, Agricultural and food Chemistry, 8(4): 218-229.
- Tritha, Swami Sada Shiva. (1998). Die ayurvedische Enzyklopädie. Ayurveda Holistic Centre Press. Bayville, NY.